क्रिकेट की मार्केटिंग

क्रिकेट की मार्केटिंग

सूर्यप्रकाश चतुर्वेदी

राजकमल प्रकाशन

ISBN : 978-93-93768-22-3

मूल्य : ₹595

पहला संस्करण : 2022

प्रकाशक : राजकमल प्रकाशन प्रा. लि.
1-बी, नेताजी सुभाष मार्ग, दरियागंज
नई दिल्ली-110 002

शाखाएँ : अशोक राजपथ, साइंस कॉलेज के सामने, पटना-800 006
पहली मंजिल, दरबारी बिल्डिंग, महात्मा गांधी मार्ग, प्रयागराज-211 001
36 ए, शेक्सपियर सरणी, कोलकाता-700 017

वेबसाइट : www.rajkamalprakashan.com
ई-मेल : info@rajkamalprakashan.com

मुद्रक : बी.के. ऑफसेट
नवीन शाहदरा, दिल्ली-110 032

CRICKET KI MARKETING
by Surya Prakash Chaturvedi

प्रिय मित्र
वी. के. महेश्वरी
की स्मृति को समर्पित

क्रम

अपनी बात

विगत 50 वर्षों से मैं क्रिकेट पर लिख रहा हूँ। पाठकों की प्रेरणा व प्रोत्साहन के फलस्वरूप पिछले 25 वर्षों में क्रिकेट पर मेरी 15 पुस्तकें प्रकाशित हो चुकी हैं। मैंने देखा कि पिछले 5 वर्षों से मार्केटिंग की विधा जीवन में हर क्षेत्र में प्रवेश कर चुकी है और इंटरनेट, स्मार्टफोन, व्हाट्सएप और सोशल मीडिया ने फिल्म, राजनीति और क्रिकेट को भी असरदार ढंग से प्रभावित किया है। अत: तय किया कि क्रिकेट की मार्केटिंग पर एक किताब लिखूँ, नतीजतन यह प्रयास किया है।

लगभग सभी उत्पाद व बड़ी कम्पनियाँ समाज में लोकप्रिय व्यक्तियों से अपने उत्पाद का प्रमोशन व विज्ञापन करवाती हैं और फिल्मी सितारों के साथ क्रिकेट के विख्यात खिलाड़ी ही उनकी पहली पसन्द होते हैं। जाहिर है अपने आइकॉन के द्वारा कही गई बात का लोगों पर गहरा असर होता है। सभी को ये लगता है कि जब वे कुछ कह रहे हैं तो वह यकीनन ठीक व सच ही होगा। हम यह भूल जाते हैं कि विभिन्न कम्पनियाँ पैसे देकर उनसे यह सब कहलवा रही हैं। अमिताभ बच्चन, शाहरूख खान, सलमान खान, रणबीर कपूर, रणवीर सिंह, दीपिका पादुकोण, हेमा मालिनी, जावेद अख्तर, धोनी, कोहली, रोहित शर्मा व

सहवाग जितना अपने काम से नहीं कमाते उससे ज्यादा वे मार्केटिंग से कमा लेते हैं और इसमें कुछ बुराई भी नहीं है। आखिर उनमें कुछ तो ऐसा है जो लोगों को प्रभावित करता है व उनकी बाजार में इतनी पूछ-परख है।

लेकिन जिस तरह सोशल मीडिया से सचेत रहने की जरूरत है उसी तरह मार्केटिंग का क्रिकेट पर हावी हो जाने से रोकने की भी जरूरत है। मार्केटिंग विशेषज्ञों ने एकदिवसीय व उससे भी ज्यादा टी-20 (टी-ट्वेंटी) क्रिकेट के पक्ष में वातावरण बना दिया है।

कपड़े, गहने, क्रेडिट-डेबिट कार्ड, वाटर प्यूरीफायर, एप, सीमेंट, जूते व खाने-पीने की सभी चीजें, ऑनलाइन खरीद-फरोख्त, सभी ब्रांडेड उत्पादों में मार्केटिंग हो रही है और इन्हें प्रमोट करने वालों में क्रिकेट खिलाड़ी भी शामिल हैं।

विगत 5 वर्षों से क्रिकेट में मार्केटिंग का जोर बढ़ा है। 2015 तक बहुत ही सीमित क्षेत्र की मार्केटिंग में रुचि थी। पर बाद में जोर-शोर से मार्केटिंग होने लगी। ये बड़े सुपर स्टार्स या पेशेवर लोगों की मदद से या फिर स्थापित मार्केटिंग एजेंसी के द्वारा मार्केटिंग की सभी सुविधाओं का पूरा उपयोग करते हैं। विज्ञापन, ब्रांड एंबेसेडर, प्रोडक्ट का प्रमोशन, फेसबुक, ट्विटर, अखबार, सोशल मीडिया, डिजिटल प्लेटफार्म के माध्यम से ये उत्पाद कम्पनी की वेबसाइट को डाउनलोड करने की अपील करते हैं। विराट कोहली इंस्टाग्राम में प्रति पोस्ट के 1.35 करोड़ लेते हैं और उनकी 2020 में 6 माह की कमाई 185 करोड़ रुपये होगी। वे एक ट्वीट के 2.5 लाख रुपये लेते हैं और ट्वीट से सबसे अधिक पैसा कमाने वाले भारतीय हैं। आशा है वे यह याद रखेंगे कि यह सारा जलवा इसीलिए है क्योंकि वे आक्रामक शैली के लोकप्रिय बल्लेबाज व कप्तान हैं और उनके पक्ष में रनों, शतकों की उपलब्धियाँ भी हैं। सुनील गावस्कर, कपिल देव व उनके पहले भी सुपर सितारा खिलाड़ी थे,

लेकिन तब न तो मार्केटिंग का चलन था और न ही इंटरनेट का साधन। सब समय-समय की बात है।

जाने-अनजाने क्रिकेट भी एक उत्पाद के रूप में स्थापित हो गया है। उसका भी अपना बाजार है। जरूरी यही है कि खिलाड़ी और उनके चाहनेवाले लाखों दर्शक यह न भूलें कि यह सबसे पहले एक खेल है और इसी खेल को खेलते हुए व उसी की बदौलत खिलाड़ी सफलता व शोहरत की पायदान तक पहुँचे हैं। क्रिकेट पैसे का खेल हो गया है। डर यही है कि वह सिर्फ पैसे का खेल बनकर न रह जाए। सच्चे क्रिकेटप्रेमी तमाशाई क्रिकेट के बढ़ते चलन के कारण क्रिकेट से दूरी बना रहे हैं। वे पुराने मैचों की रिकॉर्डिंग देखकर अपना क्रिकेट का शौक पूरा करते हैं। खुमार बाराबंकवी का एक शेर याद आता है—

ये तो नहीं कि उनसे मुहब्बत नहीं रही,
जज़्बात में अब पहले सी शिद्दत नहीं रही।

जाहिर है क्रिकेट में अब पहले जैसी बात नहीं रही।

मेरा परिवार ही मेरा सम्बल रहा है। अत: परिवार के सभी सदस्यों का तहेदिल से आभारी हूँ। मित्रों एवं शुभचिन्तकों का भी शुक्रगुजार हूँ कि उन्होंने सतत मेरा हौसला बढ़ाया और प्रेरित किया। बरबस मुझे अपने दो अभिन्न मित्रों का स्मरण हो आता है—प्रभाष जोशी और राजसिंह डूँगरपुर। वे हमेशा मेरे हर प्रोजेक्ट में दिलचस्पी लेते थे और हौसलाअफजाई भी करते थे। ऐसे मित्र सौभाग्य से ही मिलते हैं। यह विषय भी उनकी रुचि का था, अत: उनकी याद आ जाना स्वाभाविक है। अफसोस है कि धीरे-धीरे दुनिया छोटी होती जा रही है।

हमेशा की तरह इस बार भी मेरे पुत्र पुनीत चतुर्वेदी एवं पुत्रवत् संदीप जोशी ने सामग्री जुटाने में मेरी मदद की है। इनका भी आभारी

हूँ और दोनों को आशीर्वाद देता हूँ। पुस्तक के प्रकाशन के लिए देश के सर्वाधिक प्रतिष्ठित एवं बड़े प्रकाशकों में शुमार राजकमल प्रकाशन विशेषकर श्री अशोक महेश्वरी जी का भी आभारी हूँ कि उन्होंने इसके प्रकाशन में रुचि ली। वैसे भी हिन्दी में लिखने वालों की कमी तो है हिन्दी के प्रकाशकों की ओर भी ज्यादा कमी है और इस दृष्टि से राजकमल प्रकाशन व नेशनल बुक ट्रस्ट बधाई के पात्र हैं। पांडुलिपि टाइप करने के लिए हेमेन्द्र मोदी के प्रति भी मैं अपना आभार व्यक्त करता हूँ।

व्यक्ति के जीवन में कुछ तो ऐसा विशेष होना ही चाहिए जिसकी वजह से वह अपनी उपलब्धि दर्ज करवा सके वरना जीवन निरर्थक है किसी ने क्या खूब कहा है—

न कोई ख्वाब, न कोई खलिश, न कोई खुमार
ये आदमी तो अधूरा दिखाई पड़ता है।

मुझे पाठकों की प्रतिक्रिया की प्रतीक्षा रहेगी। पाठक ही तो लेखक का मनोबल बढ़ाते हैं व उसका मार्गदर्शन भी करते हैं।

—प्रो. सूर्यप्रकाश चतुर्वेदी

जमाना ही मार्केटिंग का है

आप मानेंगे कि यह जमाना ही मार्केटिंग का है। हर क्षेत्र के मशहूर व स्थापित लोग किसी न किसी संस्थान और उत्पाद की मार्केटिंग कर रहे हैं। विभिन्न संस्थान भी जो अर्द्ध शताब्दी के पहले से कार्यरत थे, मार्केटिंग के महत्त्व को समझ चुके हैं और बड़ी तत्परता से आगे बढ़कर मार्केटिंग की मदद ले रहे हैं।

आखिर मार्केटिंग है क्या? अपने कौशल, हुनर व समाज में स्थापित छवि का भरपूर दोहन करते हुए अपने ही कार्य या किसी कॉर्पोरेट अथवा उद्योग समूह के लिए उसके उत्पाद का प्रचार-प्रसार करने की कला ही तो मार्केटिंग है। आज हर व्यक्ति, संस्थान और उत्पाद खुद को श्रेष्ठ बता रहा है। कोई दूसरों की बात नहीं करता। सब अपनी ही बात करते हैं। वह समय गया जब लोग अपनी बात करने में संकोच करते थे। तब समझा जाता था कि खुद अपनी तारीफ करने की बजाय दूसरों को अपनी तारीफ करने देना चाहिए। अपने मुँह मियाँ मिट्ठू बनने में क्या मजा है। पर अब माना जाने लगा है कि व्यक्ति को अपनी तारीफ खुद ही करनी पड़ेगी। दूसरे भला उसकी तारीफ क्यों करने लगे? वे अपनी बात करेंगे। आपको भी अपनी बात करना आना चाहिए। आप जितनी अच्छी

तरह खुद अपनी बात कर सकते हैं दूसरे नहीं कर सकते। अत: आपको अपनी बात प्रभावशाली, आकर्षक व असरदार तरीके से कहने की शैली विकसित करनी होगी। जरूरी हो तो इसके लिए विधिवत् प्रशिक्षण लेना होगा और इसको भी देखना होगा कि वे अपनी बात कितनी अच्छी तरह कहते हैं।

क्या अस्पताल, क्या डॉक्टर, क्या शिक्षा संस्थान या कोचिंग केन्द्र, क्या खेल अकादमी, क्या ज्वेलरी दुकान, क्या बैंक, क्या होटल, क्या भोजनालय, क्या एयरलाइंस, क्या सरकारें, क्या विज्ञापन एजेंसियाँ सभी खुद को दूसरों से बेहतर बताने के लिए जी-तोड़ कोशिश कर रही हैं और इसके लिए सभी विभिन्न मशहूर लोगों व विज्ञापनों की मदद ले रहे हैं। कोई अभिनेता-अभिनेत्री से अपनी तारीफ करवा रहा तो कोई खिलाड़ी से, तो कोई मॉडलिंग करने वाले पेशेवर व्यक्ति से। लोग समझते हैं कि अमिताभ बच्चन या हेमा मालिनी जो कह रही हैं या जो धोनी अथवा विराट कोहली कह रहे हैं वह विश्वसनीय ही होगा, क्योंकि वे इन्हें 'आइकॉन' यानी आदर्श मानते हैं। अब कौन इन्हें समझाए कि इनको पैसे देकर यह सब कहलवाया जा रहा है। खाना घर पहुँचाने वाले 'स्विगी' व 'उबेर' भी मार्केटिंग करवाते हैं व दवाइयाँ भेजने वाली कम्पनियाँ भी तथा विभिन्न बैंक भी खासकर अपने 'क्रेडिट-डेबिट' कार्ड के लिए। 'स्विगी' का विज्ञापन बड़ा मजेदार है जिसमें एक अधेड़ व मोटा-सा आदमी केवल एक 'गुलाब जामुन' मँगवाता है जिसके साथ स्लोगन है 'नो मिनिमम ऑर्डर' और यही व्यक्ति 'बिसलेरी' का विज्ञापन करता है जिसमें एक ऊँट नकली बिसलेरी वाला पानी उस व्यक्ति के मुँह पर पिचकारी मारकर थूक देता है और वह व्यक्ति कहता है 'या तो सब जाने है, या रही थारी बिसलेरी' और यह कहकर असली बिसलेरी सामने कर देता है।

बॉलीवुड के सभी स्थापित व बड़े सितारे भी खुद ही अपनी फिल्मों

का प्रमोशन विभिन्न शहरों में करते फिरते हैं व इसके लिए वे सभी तरह की प्रचार सामग्री का भी उपयोग करते हैं। आजकल तो लेखकों में भी यह चलन आम है कि अपनी पुस्तक का विमोचन खुद ही किया जाए और वह भी अलग-अलग शहरों में क्योंकि एक शहर का समाचार उसी अखबार के अन्य शहरों के संस्करणों में नहीं छपता। टेलीविजन शो में आने वाले कलाकार शो के दौरान किसी न किसी बहाने अपनी आनेवाली फिल्म का जिक्र करते ही हैं। सभी मिलकर एक-दूसरे को प्रमोट करते हैं और यह भाईचारा सभी के लिए फायदेमन्द है। विज्ञापन भी सर्जनात्मक होने के साथ सन्देशवाहक भी होते जा रहे हैं। कॉर्पोरेट घराने इनका भी पूरा उपयोग करते हैं और यह भी मार्केटिंग का कमाल है कि नमक से लेकर मसाले और गहने तक इनकी गिरफ्त में हैं। सत्तर के दशक तक विज्ञापन तो होते थे और वे मिलते भी उन्हें ही थे जिनकी पूछ-परख व लोकप्रियता होती थी। लेकिन तब उतना पैसा नहीं मिलता था। तब फिल्मी सितारे तो खुद को दूसरों से अलग समझते थे और विज्ञापनों में काम करना अपनी तौहीन समझते थे। सुनील गावस्कर व कपिल देव प्रमुख क्रिकेट खिलाड़ियों को जो थोड़े-बहुत विज्ञापन मिलते भी थे उनमें पैसा बहुत कम था। तब मार्केटिंग का चलन नहीं था। कभी 50 के दशक में सीलोन की एक चाय कम्पनी ने कर्नल सी.के. नायडू का फोटो भी छापा था जिससे सन्देश मिलता था कि नायडू साहब उस चाय कम्पनी का विज्ञापन कर रहे हैं। यह आज तक पता नहीं चला कि क्या नायडू साहब को उसके पैसे भी मिले थे अथवा उन्होंने चाय के शौक के लिए वह विज्ञापन किया था।

1983 में जब भारत ने प्रूडेंशियल विश्व कप जीता उसके बाद से क्रिकेट की ओर लोगों का ध्यान गया। लेकिन तब भी मार्केटिंग का दौर शुरू नहीं हुआ। कैरी पैकर ने 1975-76 में क्रिकेट में आमूलचूल

परिवर्तन किया और एकदिवसीय क्रिकेट को दिन के उजाले की बजाय फ्लड लाइट में रंगीन कपड़ों व सफेद गेंद से खेलने का प्रावधान किया। यह उनके चैनल नं. 9 पर दिखाने के लिहाज से स्क्रीन पर अधिक आकर्षक साबित हुआ। उनकी सुपर क्रिकेट की योजना तो फ्लॉप हो गई लेकिन तभी से एकदिवसीय स्पर्धाएँ कुछ दिन में तो कुछ दिन-रात यानी फ्लड लाइट में खेली जाने लगीं और क्रिकेट की मार्केटिंग का दरवाजा भी तभी से खुला। परन्तु मार्केटिंग में तेजी आई जब विभिन्न देशों में टेलीविजन चैनलों का विस्फोट हुआ तथा इंटरनेट का प्रचार-प्रसार बढ़ा। परम्परागत टेस्ट क्रिकेट तो खेला ही जाता रहा। लेकिन उसे देखने वाले दर्शक धीरे-धीरे कम होते जा रहे थे। तब माना गया कि टेस्ट क्रिकेट को जीवित रखने के लिए उसके साथ ओ. डी. आई. यानी एकदिवसीय अन्तर्राष्ट्रीय मैचों को भी समुचित महत्त्व दिया जाना जरूरी है। इसके बाद दिन-रात के मैचों में दर्शकों की दिलचस्पी और बढ़ी। फिर टी-20 यानी बीसम-बीसा की शुरुआत हुई और इस छोटे फार्मेट में क्रिकेट ने रातों-रात लोकप्रियता प्राप्त कर ली। एकदिवसीय मैचों में तो प्रायोजक भी बढ़े व मार्केटिंग भी बढ़ी, परन्तु टी-20 में तो मार्केटिंग व प्रायोजकों के बीच प्रतिस्पर्धा होने लगी और देखते ही देखते आयोजकों को भी अकूत धन मिलने लगा और खिलाड़ियों को भी। आजकल ये आलम है कि कोई भी देश किसी भी देश से टेस्ट श्रृंखला खेले, 3 या 5 टेस्ट के साथ 5 ही एकदिवसीय और 3 या 5 टी-20 मैच होते ही हैं। और एकदिवसीय व टी-20 मैच ज्यादातर रात-दिन के यानी 'फ्लड लाइट' में ही होते हैं। यह विज्ञापनों, प्रायोजकों व मार्केटिंग का ही मिला-जुला प्रभाव है कि फ्लड लाइट व छोटे फॉर्मेट का क्रिकेट पूरे शबाब पर है। ऐसा क्रिकेट है और उसके अपने दर्शक भी हैं पर युवा वर्ग एकदिवसीय व टी-20 देखना अधिक पसन्द करता है।

वैज्ञानिक तरक्की का अगला बिन्दु सोशल मीडिया था। 2010 के बाद इसका चलन तेजी से बढ़ा। भारत में भी इंटरनेट व स्मार्टफोन तो आ ही गए थे और उनका उपयोग भी तेजी से बढ़ता गया। सोशल मीडिया व उसका भरपूर दोहन तो जैसे फैशन बनता गया। बड़े व पढ़े-लिखे तो ठीक, अनपढ़ व छोटे बच्चे तक फोटो खींचने लगे व उन्हें इधर-उधर भेजने लगे। अभिनेता, नेता व खिलाड़ी 'ट्वीट' करने लगे व पोस्ट भेजने लगे। जो खुद नहीं कर पाते वे पेशेवर लोगों की मदद से सोशल मीडिया का उपयोग धड़ल्ले से करते हैं। देखते ही देखते बात-फोटो हजारों-लाखों तक पहुँच जाती है और उन्हें पूरा प्रचार मिल जाता है। तुरत-फुरत सब ओर पहुँचना सोशल मीडिया की सबसे बड़ी उपलब्धि है और इस कारण मार्केटिंग के लिए मुफीद है। बड़ी-बड़ी कम्पनियाँ एवं कॉर्पोरेट घराने, अभिनेताओं व खिलाड़ियों के नाम पर फेसबुक और इंस्टाग्राम करवाते हैं व उन्हें अच्छी-खासी रकम का भुगतान करते हैं। खुद को प्रमोट करने का सबसे अच्छा उदाहरण है इंडियन आइडल्स की गायन स्पर्धा। इस रियलिटी शो में नए गायन जिनमें कुछ तो बच्चे ही होते हैं, बेहिचक श्रोताओं से खुद के लिए वोट माँगते हैं।

भारत में सुनील गावस्कर, कपिल देव, विश्वनाथ और वाड़ेकर के समय सोशल मीडिया नहीं था। सचिन तेंदुलकर व गांगुली के समय भी सोशल मीडिया का चलन नहीं था। यह सिलसिला विगत 5 साल से ज्यादा चला है। धोनी, सहवाग, विराट कोहली तो प्रमोशन, मार्केटिंग व सोशल मीडिया से करोड़ों कमा रहे हैं। अभिताभ बच्चन, सलमान खान, दीपिका पादुकोण व रणवीर सिंह भी सोशल मीडिया व विज्ञापनों में सक्रिय हैं व इनकी भी अच्छी-खासी कमाई इन्हीं संसाधनों से होती है। इसी का विस्तृत रूप है विज्ञापनों के लिए बनाई जाने वाली फिल्में। खिलाड़ी तो जहाँ खेलते हैं, वहीं किसी प्रमोशन के लिए फिल्म बनाने

का समय निकाल ही लेते हैं। धोनी, सहवाग और कोहली तो स्मार्टफोन पर लोगों को अपनी प्लेइंग इलेवन बनाने के लिए उकसाते हैं और कहते हैं अपनी टीम बनाओ और खेलो। इशारा साफ है कि उन्होंने अपनी टीम बना ली। हम क्या कर रहे हैं? सभी को लगता है कि जैसे उन्हीं से यह बात कही गई है। ताकत के लिए पेय, कोको कोला, पेप्सी ही नहीं, सीमेंट व एयरलाइंस के लिए भी विज्ञापन फिल्म बनाई गई हैं। विज्ञापन की प्रतिभा भी नाटक या फिल्म की तरह आभासी यानी यकीन कराने की कोशिश की दुनिया है। विराट कोहली की वर्ष 2020 में सिर्फ 6 माह की कमाई 185 करोड़ रुपये होगी। वे इंस्टाग्राम के प्रति पोस्ट 1.35 करोड़ रुपये लेते हैं। उन्हें लगा कि 10 या 15 साल में सक्रिय खेल जीवन में ही वे पैसा कमा सकते हैं। अत: वे इंडोर्समेंट व ब्रांडेड उत्पादनों की ओर सक्रिय हो गए। स्मरण रहे कि 2008 में आई.पी.एल. में उन्हें रॉयल चैलेंजर्स, बेंगलुरु ने 12 लाख में खरीदा था। आज देखिए कि वे कहाँ से कहाँ पहुँच गए हैं, जबकि आई.पी.एल. में बड़े खिलाड़ी होते हुए भी बेंगलुरु की टीम उल्लेखनीय प्रदर्शन नहीं कर पाई है।

एकदिवसीय क्रिकेट खासकर टी-20 तो क्रिकेट की तकनीक व गुणवत्ता को धता बताने वाला क्रिकेट है। थोड़ा-बहुत रन न बनाने देने वाली गेंदबाजी व जैसे भी हो बल्लेबाजी करके रन जुटाने वाली बल्लेबाजी इस शैली के क्रिकेट में उपयोगी व कारगर मानी जाती है। यही वजह है कि इस शैली के खेल के लिए जरूरतें भी बाजार के हिसाब से ही हैं और खिलाड़ियों का चयन भी इसी आधार पर होता है। इसे देखने वाला पारम्परिक टेस्ट क्रिकेट व उसकी आवश्यकताएँ जैसे तकनीक एकाग्रता व धैर्य को भूल जाना ही श्रेयस्कर है।

विभिन्न ब्रांड्स व कॉर्पोरेट घरानों को विज्ञापन करने लायक ऐसे चेहरे चाहिए जिन्हें आज का युवा देखना पसन्द करता है और इन चेहरों

को पैसे वाला ऐसा घराना चाहिए जो उन्हें अच्छी रकम दे सके। इस वजह से खिलाड़ियों व ब्रांड्स व कॉर्पोरेट समूह दोनों को सोशल मीडिया की जरूरत है। सोशल मीडिया मार्केटिंग पर बारीक नजर रखता है और सही प्रोडक्ट के लिए सही मॉडल चुनने में मददगार साबित होता है। युवा वर्ग वर्तमान में जीता है। वह विराट, धोनी, रोहित शर्मा, ऋषभ पंत व मोहम्मद शमी को ही देखना चाहता है। इन्हें ही वह मैदान में देखता है व इन्हें ही विज्ञापनों में। उसके लिए रवि शास्त्री क्रिकेट कोच हैं और सुनील गावस्कर, सहवाग व लक्ष्मण क्रिकेट कमेंटेटर हैं। मार्केटिंग भी वर्तमान के मशहूर व लोकप्रिय खिलाड़ियों में ही सिमटकर रह गई है। ऐसा नहीं है कि पहले बड़े खिलाड़ी ही नहीं थे। कपिल देव, विश्वनाथ, गावस्कर, तेंदुलकर, दुर्रानी को आम लोग भले ही अनदेखा करें, क्रिकेट की परम्परा व उसके इतिहास के जानने वालों के लिए वे हमेशा मील के पत्थर बने रहेंगे। क्रिकेट आज जहाँ है, उन्हीं लोगों की बदौलत है। मार्केटिंग की चमक-दमक में हमें अतीत की उपलब्धियों को अनदेखा नहीं करना चाहिए।

मार्केटिंग में कोई बुराई नहीं है। भले ही लोग अपनी ही मार्केटिंग करें। क्या लेखक, क्या अभिनेता, क्या नेता व क्या खिलाड़ी अथवा विभिन्न संस्थान खूब मार्केटिंग करें। पर वे मूल उद्देश्य को न भूलें और वह है वह संस्थान, खेल या कोई और अनुशासन जिससे भी वे जुड़े हुए हों, उसकी अनदेखी न हो। अर्थात् मार्केटिंग पहले व क्रिकेट दूसरे स्थान पर न हो। क्रिकेट को दूसरा दर्जा देकर आप उसकी मार्केटिंग कैसे कर सकते हैं?

विश्व में सबसे अधिक रन व शतक बनाने वाले बल्लेबाज व सबसे अधिक विकेट लेने वाले गेंदबाज आई.पी.एल. या टी-20 की पहली पसन्द कभी नहीं रहे। विश्व कीर्तिमान अपनी जगह है व त्वरित

क्रिकेट या फटाफट क्रिकेट का रोमांच अपनी जगह। जितने छोटे फॉर्मेट का क्रिकेट होगा उसमें उतनी अधिक उत्तेजना, अनिश्चितता व रोमांच होगा। यही वजह है कि सट्टेबाजों की भी यह पहली पसन्द है। पल-प्रति पल, गेंद दर गेंद खेल में उतार-चढ़ाव के क्षण आते हैं। कभी कौन-सी टीम कुल कितने रन बनाएगी व कितने विकेट पर बनाएगी, इसे लेकर सट्टेबाजी होती थी। अब किस ओवर में कितने रन बनेंगे, किस गेंद पर अधिक रन बनेंगे, किस गेंद पर बाउंड्री लगेगी या नहीं लगेगी व कौन-सी गेंद मैडन रहेगी यानी कोई रन नहीं बनेगा पर दाँव लगता है। यही नहीं, किस गेंदबाज के किस ओवर की कौन-सी गेंद वाइड या नोबॉल होगी, इस पर भी शर्तें लगती हैं। तभी तो 'स्पॉट फिक्सिंग' जैसे हादसे हुए। पहले मैच फिक्स होते थे। अब तात्कालिक क्षण या मौके फिक्स होते हैं। चेन्नई सुपर किंग्स को परिणामतः निलम्बन भुगतना पड़ा।

अनेकों क्रिकेट प्रेमियों की तरह मैं भी मानता था कि क्रिकेट मैच कभी फिक्स हो ही नहीं सकता। क्रिकेट एक टीम गेम है जिसे मिल-जुलकर खेला जाता है। अतः कोई एक खिलाड़ी मैच का रुख नहीं बदल सकता। लेकिन सट्टेबाजों ने इस समस्या का भी हल निकाल लिया। वे टीम के कमजोर मनोबल और नैतिक रूप से ढुल-मुल स्वभाव वाले खिलाड़ी को ढूँढ़कर उससे सम्पर्क करते हैं। उसे प्रलोभन देते हैं व उसके साथ मिलकर योजना बनाते हैं। उसे विश्वास दिलाते हैं कि उसे दूसरों से सम्पर्क नहीं करना है, बल्कि खुद ही खराब खेलना है यानी तयशुदा गेंद पर आउट होना है या तयशुदा गेंद को ढीली फेंकना है या फिर कैच आने पर उसे छोड़ना है या तयशुदा गेंद पर किसी भी तरह आउट होना है। इसके बदले वे उसे मोटी धनराशि देते हैं। जब खराब खेलने पर अच्छा खेलने से अधिक पैसा मिले तो भला किसे खराब खेलने का लालच नहीं होगा? और कमजोर कड़ी हर टीम में होती है।

सन् 2000 में मैच फिक्सिंग का मामला सामने आया था। पर विडंबना देखिए कि दक्षिण अफ्रीका के कप्तान हैंसी क्रोनिए के अलावा किसी ने अपराध नहीं माना। बेचारे क्रोनिए तो पादरी के सामने अपराध कबूलने के बाद हवाई दुर्घटना में जान गँवा बैठे। लेकिन किसी अन्य देश के खिलाड़ी ने अपनी गलती कबूल करने का साहस नहीं दिखाया जबकि कई देशों के खिलाड़ियों के नाम सामने आए थे। टी-20, आई.पी. एल. में बात 'स्पॉट फिक्सिंग' तक पहुँच गई। सटोरिए सट्टा लगाएँ, यह तो समझ में आता है। उनको तो सट्टा लगाने का बहाना भर चाहिए, पर खिलाड़ी भी उसमें भागीदार बनें यह दुर्भाग्यपूर्ण है। इस कारण खेल की विश्वसनीयता प्रभावित हुई व खेल बदनाम भी हुआ। लोग हर सहज घटना को भी शक की नजर से देखने लगे। वैसे कैच छूटना, खराब गेंद फेंकना, आउट होना और बाउंड्री लगाना खेल के स्वाभाविक अंग हैं। पर इसके बाद इन सभी को शक की निगाह से देखा जाने लगा। अच्छा खेलना तो आपके हाथ में नहीं है पर खराब खेलना तो है ही। इसी कारण लोग क्रिकेट से दूर जाने लगे। पर चूँकि यह खेल सभी विवादों को पार करता आया है और हर संकट से बड़ा है। इस कारण इस बार भी वह उबरने में कामयाब रहा। आपको याद होगा कि कैसा उसने बॉडीलाइन संकट, फिर 'चकिंग' व ड्रेगिंग के संकट, कैरी पैकर के संकट और मैच फिक्सिंग के संकट को पार किया। उसी तरह स्पॉट फिक्सिंग के संकट को भी पार करके वह एक शानदार परम्परा वाले खेल के रूप में सामने आया। उसने साबित किया कि वह हर संकट व चुनौती को मात देने में सक्षम है।

आई.पी.एल. के ताजा व अब तक के 13वें सीजन में ऑस्ट्रेलिया के पेट कमिंस को कोलकाता के नाइट राइडर्स ने 15.50 करोड़ में खरीदा। यह तेज गेंदबाज सबसे अधिक दाम पर बिकने वाला खिलाड़ी

रहा। ऑस्ट्रेलिया के ही ग्लैन मैक्सवेल को पंजाब ने 10.75 करोड़ में, दक्षिण अफ्रीका के क्रिस मॉरिस को बेंगलुरु ने 10 करोड़ में खरीदा। भारत के लेग स्पिनर पीयूष चावला को चेन्नई ने 8.75 करोड़ में व पहली बार आई.पी.एल. खेल रहे लेग स्पिनर वरुण चक्रवर्ती को कोलकाता ने 4 करोड़ में व कभी मुंबई में गोल-गप्पे बेचने वाले यशस्वी जायसवाल को राजस्थान ने 2.4 करोड़ में खरीदा। रॉबिन उथप्पा को राजस्थान ने 3 करोड़ में खरीदा। चेतेश्वर पुजारा बिना बिके रह गए।

आश्चर्य की बात यह है कि ये सभी इतने महँगे बिकने वाले खिलाड़ी अपने देश की राष्ट्रीय टीम के नियमित सदस्य नहीं हैं, पर आई.पी.एल. के लिए उपयोगी हैं और दर्शकों में भी इन्हें लेकर उत्साह है। इससे साबित होता है कि आई.पी.एल. की अपनी अलग प्राथमिकताएँ हैं और उनमें खिलाड़ी के खेल स्तर, उसकी गुणवत्ता एवं उपलब्धि का कोई लेना-देना नहीं है।

दरअसल आई.पी.एल. दर्शकों का क्रिकेट है, खिलाड़ियों का नहीं। खिलाड़ी खेलते भी हैं और मैदान के बाहर से पूछे गए सवालों के जवाब भी देते हैं। अम्पायर भी सवालों के जवाब देते हैं। आकर्षण परोसने के लिए चियर गर्ल्स भी होती हैं, जो बाउंड्री लगने या आउट होने पर नाचती हैं व खुशी जाहिर करती हैं। हर पारी में विज्ञापन के लिए ब्रेक होता है, जिसे 'स्ट्रेटेजी टाइम' यानी रणनीति बनाने का टाइम कहा जाता है। दर्शक खाते-पीते भी रहते हैं व नाच भी देखते रहते हैं और खेल भी देखते रहते हैं यानी मनोरंजन के बीच में क्रिकेट भी होता है।

जब इंडियन क्रिकेट लीग यानी आई.सी.एल. खेला गया था तो उसमें सभी निवृत्तवान यानी पुराने खिलाड़ी थे। आई.पी.एल. में वर्तमान खिलाड़ी हैं। अत: यह अधिक सार्थक व दर्शनीय है। पर रवैया मनोरंजन का ही है। मार्केटिंग व प्रचार एक माह पहले से शुरू हो जाता है। ऐसा

लगता है मानो सारा देश आई.पी.एल. के रंग में रँग गया हो। विज्ञापनों से भी क्रिकेट को जोड़ दिया जाता है और अखबार व टेलीविजन चैनल इन विज्ञापनों से भरे रहते हैं। फ्रेंचाइजी कम्पनियाँ जहाँ पैसा खर्च करती हैं वहीं आयोजन के दौरान वसूलती भी हैं। टी-20 की लोकप्रियता का तो यह आलम है कि लाड्र्स पर 2004 में मिडिलसेक्स व सरे के बीच खेले गए मुकाबले में 27509 दर्शक आए और 2008 में मेलबोर्न पर ऑस्ट्रेलिया व भारत के मैच में 85824 दर्शक उमड़े।

इस शैली के खेल से क्रिकेट पर अच्छा व बुरा दोनों तरह का प्रभाव पड़ा। अच्छा पहलू यह रहा कि क्षेत्ररक्षण का स्तर बहुत ऊँचा हो गया तथा खिलाड़ियों की फिटनेस व एथलेटिक्स में भी सुधार आया। रफ्तार, लोच और क्रिया-प्रतिक्रिया में भी सुधार हुआ। एडम गिलक्रिस्ट की राय है कि टी-20 से बेहतर व सस्ता माध्यम कोई है ही नहीं जो खेल को समूचे जगत में फैला सके। परन्तु पोंटिंग व ग्रेग चैपल की राय है कि टी-20 से बल्लेबाज की एकाग्रता, कौशल, तकनीक व स्कोर बनाने की प्रतिभा तो प्रभावित होती ही है, गेंदबाजी का स्तर भी गिरता है। माइकल होल्डिंग व गैरी सोबर्स दोनों की राय है कि इसके कारण खिलाड़ियों की अपने देश के लिए टेस्ट खेलने में रुचि कम हो रही है। पैसे ने खिलाड़ियों को इस शैली में खेल के प्रति आकर्षित किया है और नए खिलाड़ी खासकर जूनियर खिलाड़ी भी यही खेल रहे हैं। सीनियर व स्थापित खिलाड़ी का टी-20 खेलना तो तुलनात्मक रूप से आसान है। परन्तु टी-20 खेलकर आप टेस्ट क्रिकेट में जगह नहीं बना सकते। टेस्ट से टी-20 में परिवर्तन सम्भव है पर टी-20 से टेस्ट क्रिकेट में खेल शैली को बदलना मुश्किल है।

भले ही टी-20 क्रिकेट से फायदा व नुकसान दोनों हो, यह तो तय है कि यह अब स्थापित हो चुका है। अतः इसका बन्द होना मुश्किल है।

लोग इसे क्रिकेट का सरलीकरण अथवा कोका कोला करण या ठंडाई करण भी कहते हैं। यह इंस्टेट कॉफी की तरह त्वरित क्रिकेट है जिसमें 2 घंटे में आप क्रिकेट का पूरा रोमांच देख लेते हैं। यह फटाफट क्रिकेट है और दर्शकों को रास भी आ रहा है। खाओ, पियो व खेल भी देख लो। है न थ्री इन वन। लेकिन अंडर 16 और अंडर 19 की उम्र में युवाओं को टी-20 से जितना भी बचाया जाए उतना उनके व खेल के हित में होगा।

सोशल मीडिया व खासकर 'मेक यूअर ओन टीम' जैसे मोबाइल पर खेले जाने वाले खेल उत्पादों को भले ही मार्केटिंग का लाभ दें, युवकों को तो मैदान पर जाकर खेलने व खेल देखने से रोकने का ही काम कर रहे हैं। इस तरह वे आलसी बन जाएँगे व बैठे-बैठे ही सब काम करने की बुरी आदत के शिकार हो जाएँगे और पैसे के लालच में अलग पड़ जाएँगे। जुआ कैसा भी हो, हमेशा आप ही नहीं जीतते व हार व जीत के चक्कर में उलझ जाते हैं। मैदानी खेल को आप 'इनडोर गेम' न बनाएँ और उन्हें कम्प्यूटर पर न खिलाएँ।

आज क्रिकेट के तीनों प्रारूपों—टेस्ट क्रिकेट, एकदिवसीय क्रिकेट और टी-20 क्रिकेट में मार्केटिंग का बोलबाला है।

आई.पी.एल. (इंडियन प्रीमियर लीग) ने सभी बदल लिए हैं। पहले किस खिलाड़ी ने कितने रन व शतक बनाए और कितने विकेट लिए इसकी चर्चा होती थी अब कौन-सा खिलाड़ी कितने करोड़ में बिका इसकी बात होती है।

यह ठीक वैसा ही है जैसा फिल्मों में होता है। कभी कौन सी फिल्म कितने हफ्ते चली इसकी बात होती थी अब कौन-सी फिल्म पहले दिन और पहले हफ्ते में कितने करोड़ कमाती है इसका शोर होता है।

मार्केटिंग ने सारे पैमाने बदल दिए हैं।

आई.पी.एल. अमीरात में खेला गया और वह भी तीन स्थानों—

दुबई, शारजहाँ और अबूधाबी—पर। इसके होने से खिलाड़ियों को राहत मिली वरना न सिर्फ उनका बल्कि भारतीय क्रिकेट बोर्ड और आई.सी. सी. का भी करोड़ों का नुकसान होता।

जिस तरह खिलाड़ियों की नीलामी होती है और उनकी बढ़-चढ़कर बोली लगाई जाती है और इन सबका टेलीविजन पर सीधा प्रसारण होता है क्योंकि यह सब प्रायोजन का हिस्सा होता है इसी से आई.पी.एल. की भव्यता साबित होती है। सौरव गांगुली भारतीय क्रिकेट बोर्ड के अध्यक्ष और विराट कोहली भारतीय टीम के कप्तान होने के बावजूद 'माय ड्रीम XI' और 'माय सर्कल XI' जैसे एप्स का विज्ञापन करके लोगों को मोबाइल से क्रिकेट खेलने के लिए प्रेरित कर रहे हैं। मैदानी खेल को ड्राइंग रूम में बैठकर खेलना सिखाना भावी पीढ़ी को आलसी बनाने जैसा है। शायद कुछ साल बाद जब इनके खुद के बच्चे 10 या 12 साल की उम्र से मोबाइल पर क्रिकेट खेलेंगे तब शायद इन्हें अपनी भूल का अहसास होगा।

जो भी हो जब तक क्रिकेट गेंद और बल्ले से खेला जाता रहेगा उसके देखने वाले बने रहेंगे भले ही वह तमाशायी अन्दाज में खेला जाए।

आज हमारे देश में क्रिकेट के तीनों प्रारूपों—टेस्ट क्रिकेट, एकदिवसीय क्रिकेट और टी-20 क्रिकेट में मार्केटिंग का बोलबाला है।

क्रिकेट की शुरुआत, क्रमिक विकास व फैलाव

ऐसी मान्यता है कि क्रिकेट की शुरुआत लगभग 1598 में इंग्लैंड में हुई और केंट व ससेक्स इसके उद्गम स्थल माने जाते हैं। सूरज की रोशनी व खुले मैदान में खेले जाने वाले इस खेल को ग्रामीण खेल के रूप में ही जाना गया। खिलाड़ियों की पोशाक भी दरबारियों जैसी होती थी और उनका बल्ला भी हॉकी स्टिक जैसा था। धीरे-धीरे यह खेल इंग्लैंड की विभिन्न काउटियों तक पहुँचा व ग्रामीण खेल से शहर का खेल हो गया। खिलाड़ियों के पहनावे में भी परिवर्तन आया व खेल सामग्री में भी। धीरे-धीरे यह खेल अन्य देशों में भी पहुँचा, जिनमें ऑस्ट्रेलिया, दक्षिण अफ्रीका, न्यूजीलैंड, भारत, पाकिस्तान, वेस्टइंडीज, श्रीलंका व बांग्लादेश प्रमुख थे।

प्रकारांतर में क्रिकेट उन देशों में भी पहुँचा, जिन्हें आमतौर पर क्रिकेट देश नहीं माना जाता। मसलन केन्या, कनाडा, अमेरिका, घाना, ब्राजील, मिस्त्र, इजराइल, हांगकांग, अर्जेंटीना, युगांडा, संयुक्त अरब अमीरात, थाईलैंड, स्वीडन, मलेशिया व मॉरिशस।

क्रिकेट की शुरुआत भले ही 1598 में इंग्लैंड के कैंट व ससेक्स में हुई हो पर क्रिकेट इतिहास का पहला टेस्ट ऑस्ट्रेलिया में खेला गया,

इंग्लैंड में नहीं। यह घटना 1876-77 की है यानी शुरुआत के करीब 90 साल बाद पहला क्रिकेट टेस्ट खेला गया। इसके बाद इंग्लैंड में टेस्ट क्रिकेट की शुरुआत हुई।

18वीं सदी में क्रिकेट ने काफी प्रगति की व लोकप्रियता भी प्राप्त की। लोग क्रिकेट खेलने व उसे प्रोत्साहित करने में भी दिलचस्पी लेने लगे। वह इंग्लैंड का राष्ट्रीय खेल बन गया। यह तब भी बॉल-बैट गेम था और अब भी है लेकिन संसाधनों, प्रचार-प्रसार व फैलाव के हिसाब से इसे खेलने के तौर-तरीके, खिलाड़ियों के पहनाव व उन्हें मिलने वाली सुविधाओं व प्रसिद्धि के मान से आमूल चूल परिवर्तन हुआ है। भले ही यह कहा जाता हो कि जहाँ-जहाँ अंग्रेजों का शासन रहा, वहीं यह फला-फूला। पर वास्तविकता यही है कि लोगों ने हर देश में इसके आकर्षण को माना व इसे सहज रूप से स्वीकार किया।

जिन्दगी और क्रिकेट में काफी समानता है। अनिश्चय, रोमांच, एकाग्रता, शारीरिक व मानसिक मजबूती, साहस हर स्थिति से उबरने की क्षमता, तीखी नजर, शारीरिक दक्षता जितनी जीवन में जरूरी है उतनी ही क्रिकेट में भी है। यही कारण है कि यह खेल इतना लोकप्रिय है। करीब चार सौ साल से खेले जा रहे, इस खेल में विभिन्न देशों में अनेक कीर्तिमान बने और टूटे। डॉ. डब्ल्यू.जी. ग्रेस से लेकर वर्तमान में खेल रहे विभिन्न खिलाड़ियों ने अपने खेल-कौशल से इसे निखारा। सर्वाधिक टेस्ट रन, टेस्ट शतक, सर्वाधिक टेस्ट विकेट और अनेक लुभावनी व यादगार पारियों ने इसे गरिमा प्रदान की। खेल मैदानों का स्तर भी सुधरा व खिलाड़ियों को मिलने वाली सुविधाओं में भी इजाफा हुआ। अम्पायरिंग का स्तर भी ऊँचा उठा और इलेक्ट्रॉनिक सुविधाओं से फैसला लेने वाले तीसरे यानी टेलीविजन अम्पायर का भी प्रावधान हुआ। अन्तर्राष्ट्रीय क्रिकेट काउंसिल का गठन हुआ और उसने अपना अम्पायर

पैनल भी बनाने की शुरुआत की। नतीजतन खेल अधिक पारदर्शी व साफ-सुधरा हुआ।

समय-समय पर खेल व उसके नियमों में बदलाव तो हो ही रहे थे और चार सौ साल के टेस्ट क्रिकेट के बाद एकदिवसीय क्रिकेट की शुरुआत हुई। टेस्ट क्रिकेट को नया जीवन देने के लिए छोटे फॉर्मेट का खेल जरूरी माना जाने लगा। 1971 में पहला एकदिवसीय मैच खेला गया और वह भी इत्तिफाकन। ऑस्ट्रेलिया-इंग्लैंड के बीच वर्षा बाधित मेलबोर्न टेस्ट के 5वें दिन दोनों टीमों के बीच 40-40 ओवर का एक मैच खेला गया था, ताकि निराश दर्शक खेल का मजा ले सकें। इंग्लैंड में घरेलू क्रिकेट में तो सीमित ओवर के एकदिवसीय मैच की शुरुआत हो ही चुकी थी, एकदिवसीय मैच की बढ़ती लोकप्रियता को देखकर आई.सी.सी. ने एकदिवसीय क्रिकेट के विश्वकप का आयोजन शुरू करने का फैसला किया। कैरी पैकर ने 70 के उत्तरार्द्ध में अपने चैनल 9 के लिए तथाकथित सुपर क्रिकेट शृंखला शुरू करके आस्ट्रेलिया में सभी क्रिकेट देशों में खिलाड़ियों को अनुबन्धित करके क्रिकेट जगत में तहलका मचा दिया था। वह एक तरह से ऑस्ट्रेलियाई क्रिकेट बोर्ड के खिलाफ विद्रोह-सा था। खिलाड़ियों के लिए रंगीन कपड़े, सफेद गेंद, मल्टीपल कैमरे, स्टम्प के ऊपर माइक्रोफोन तथा दिन के उजाले की बजाय फ्लड लाइट में खेल यह सब टेलीविजन पर खेल का आकर्षण बढ़ाने के लिए किया गया था। यह प्रयोग बेतहाशा सफल हुआ। कैरी पैकर दूसरी बार तो यह आयोजन नहीं कर पाए लेकिन उनके पहली बार के आयोजन ने ही दर्शकों को अभिभूत कर दिया।

इसी से प्रेरित होकर आई.सी.सी. ने ओ.डी.आई. अर्थात् एकदिवसीय क्रिकेट का विश्वकप शुरू करने का निश्चय किया। 1975 का पहला क्रिकेट विश्वकप इंग्लैंड में खेला गया। प्रूडेंशियल बीमा कम्पनी ने इसका

प्रायोजन किया। स्पर्धा दिन में ही खेली गई क्योंकि इंग्लैंड में देर तक धूप रहती है। क्रिकेट परम्परा का भी सवाल था। 60 ओवर का खेल हर पारी में होता था और 6 गेंदों का एक ओवर था। खिलाड़ी सफेद कपड़ों में ही खेले और लाल गेंद का ही प्रयोग किया गया। 8 टीमों ने हिस्सा लिया। टीमें थीं इंग्लैंड, ऑस्ट्रेलिया, भारत, न्यूजीलैंड, पाकिस्तान, श्रीलंका, वेस्टइंडीज और पूर्वी अफ्रीका की एक टीम। प्रतिबन्ध के चलते दक्षिण अफ्रीका को आमंत्रित नहीं किया गया। विश्व कप फाइनल रोचक रहा और वेस्टइंडीज ने नजदीकी मुकाबले में ऑस्ट्रेलिया को 17 रनों से हराया। इस कप में हिट विकेट आउट होने वाले खिलाड़ी वेस्टइंडीज के राय हैड्रिक्स रहे।

टेस्ट क्रिकेट

टेस्ट क्रिकेट शास्त्रीय संगीत की तरह है। जो इसमें रमता है, जिसे क्रिकेट की बारीकियों की समझ है और जिसमें धैर्य रखकर इसमें उतार-चढ़ाव देखने की क्षमता है वही इसका आनन्द उठा सकता है। इंग्लैंड, ऑस्ट्रेलिया, न्यूजीलैंड व दक्षिण अफ्रीका में अभी भी बड़ी तादाद में दर्शक टेस्ट क्रिकेट देखने उमड़ते हैं। खिलाड़ी की तकनीक, उसका फुटवर्क, उसकी नजर, व गेंद पर प्रहार करने का तरीका, साहस, धैर्य, एकाग्रता यह सब आप टेस्ट क्रिकेट में ही देख सकते हैं। तनाव को झेलना, उसका शारीरिक व मानसिक ताकत से सामना करना यह टेस्ट क्रिकेट में ही देखा जा सकता है। ब्रेडमेन, फ्रेंक वुली, विक्टर ट्रम्पर, डेनिस कॉम्पटन, जेक हॉब्स, फ्रेंक वॉरेल, नील हार्वे, मुश्ताक अली, गुंडप्पा विश्वनाथ जैसे कलात्मक शैली के बल्लेबाज तथा बिल ओ रेली, रिची बेनो, सुभाष गुप्ते, शेन वार्न, डेनिस लिली, मेग्रा, माइकल होल्डिंग जैसे कलात्मक गेंदबाज तथा गैरी सोबर्स, कीथ मिलर, इमरान, बॉथम, कपिल देव, रिचर्ड हैडली जैसे सदाबहार ऑल राउंडर टेस्ट क्रिकेट की ही देन हैं। लम्बी पारी खेलने तथा अधिकाधिक रन बनाने का मौका भी टेस्ट में ही मिलता है। शुद्ध ऑलराउंडर का मतलब ही है अपनी

गेंदबाजी या बल्लेबाजी या दोनों के दम पर टेस्ट जिताने की काबिलियत रखने वाला हरफन मौला खिलाड़ी। यह खूबी टेस्ट क्रिकेट की ही देन है। क्रिकेट इतिहास का पहला टेस्ट मैच 1877 में इंग्लैंड व ऑस्ट्रेलिया के बीच खेला गया और तब से दोनों देश एशेज के लिए बारी-बारी से दोनों देशों में खेलते हैं। जिस तरह शास्त्रीय संगीत के अपने श्रोता हैं और वे बड़ी तल्लीनता से, अलाप से लेकर अन्त तक गायन या वादन सुनते रहते हैं, उसी तरह टेस्ट क्रिकेट में भी अपने दर्शक हैं जो सुबह पहली गेंद फेंके जाने से लेकर खेल की आखिरी गेंद तक टकटकी लगाकर, मैदानी घटनाक्रम को निहारते रहते हैं। वे लंच के समय अपना लंच लेते हैं व चाय के समय अपनी चाय। भारत में भी मुम्बई, चेन्नई और कोलकाता जैसे क्रिकेट केन्द्रों पर ऐसी परम्परागत शैली का खेल देखने के लिए कुछ दर्शक आते ही हैं। 1912 में इंग्लैंड, ऑस्ट्रेलिया के साथ दक्षिण अफ्रीका भी टेस्ट बिरादरी में शामिल हुआ। शरीफों व भद्र पुरुषों के खेल के रूप में इसे ख्याति मिली। नियमानुसार व परस्पर मैत्री भाव से युक्त प्रतिस्पर्धा के रूप में यह खेला जाता रहा। ऐसा माना जाता था कि क्रिकेट में कभी कोई खिलाड़ी गलत आचरण, व्यवहार या काम नहीं कर सकता। इसी कारण जब कोई किसी को जीवन में गलत काम करते हुए देखता था तो कहा जाता था 'दिस इज नॉट क्रिकेट'। खिलाड़ियों को गुस्सा तब भी आता था व वे उत्तेजित भी होते थे पर वे स्वयं पर नियंत्रण बनाए रखते थे। कप्तान भी उन्हें शान्त बने रहने की सलाह देते रहते थे। खासकर तेज गेंदबाज गुस्से में 'बाउंसर' फेंकते थे, तब पता चलता था कि गेंदबाज गुस्से में है। तभी कप्तान जाकर उसे नियंत्रित करता था। यह सिलसिला बदस्तूर जारी रहा। ऑस्ट्रेलिया-वेस्टइंडीज के बीच क्रिकेट इतिहास के पहले 'टाई' टेस्ट में फ्रेंक वॉरेल ने अपने तेज गेंदबाज वेस्ली हॉल को हिदायत दी थी कि वे पुछल्ले बल्लेबाजों को

'बाउंसर' न डालें। पर जीतने की ललक में हॉल ने विकेटकीपर ग्राउट को बाउंसर फेंकी और वे उस पर कैच आउट भी हुए। लेकिन विकेट लेने के बावजूद हॉल अपना सिर झुकाकर पश्चात्ताप की मुद्रा में कप्तान वॉरेल के पास आए और कहा 'सॉरी स्कीपर'। तब इस अन्दाज व भावना के साथ क्रिकेट खेला जाता था। लेकिन एकदिवसीय अन्तर्राष्ट्रीय मैचों की शुरुआत से व विशेषकर टी-20 के बाद तो क्रिकेट मैच मध्य भूमि यानी लड़ाई के मैदान से होते गए। खिलाड़ी जरा-जरा सी बात पर उत्तेजित, क्रोधित व आक्रामक होते गए। टेलीविजन पर मैचों के सीधे प्रसारण ने इसे हवा दी व अखबार भी उन्हीं बातों को अधिक तूल देने लगे। लगी बची कसर इंटरनेट व सोशल मीडिया ने पूरी कर दी। खिलाड़ियों को लगा कि आक्रोशित होकर टिप्पणी या कमेंट करना शायद मार्केटिंग के लिए सबसे ज्यादा फायदेमन्द है। 2010 के बाद टेस्ट मैचों में भी इनका नजारा देखने को मिलने लगा। क्योंकि खिलाड़ी साल में जितने टेस्ट खेलते हैं उससे दो गुना ज्यादा एकदिवसीय व टी-20 मैच खेलते हैं। गेंदबाज का बल्लेबाज के अच्छे स्ट्रोक पर ताली बजाकर तारीफ करना व बल्लेबाज का अच्छी गेंद पर बीट होने पर सिर झुकाकर गेंदबाज की तारीफ करना लोग भूल गए। वह इतिहास की वस्तु हो गया। आज के खिलाड़ी यह जानते हैं कि यदि वे उत्तेजित हाव-भाव दिखाएँगे तो सभी कैमरे उन्हें 'शूट' करेंगे और दर्शक भी अपने मोबाइल पर उनका फोटो लेंगे।

प्रयोगधर्मी इस परम्परागत शास्त्रीय क्रिकेट में कुछ प्रयोग करके परिवर्तन करने की बात कर रहे हैं। दिन-रात के टेस्ट और लाल की बजाय गुलाबी गेंद से खेले जाने की शुरुआत हो ही चुकी है। भारत भी बांग्लादेश के खिलाफ 2019 में कोलकाता में डे-नाइट टेस्ट खेल चुका है। अब 4 दिन के टेस्ट की बात हो रही है। इसे लेकर लोगों में मिश्रित प्रतिक्रिया है। कुछ लोग इसे टेस्ट क्रिकेट को जीवन्त व दिलचस्प

बनाने के लिए अच्छी कोशिश मानते हैं जबकि कुछ अन्य लोग इसके प्रारूप में कोई भी फेर-बदल कर इसकी शुद्धता में कोई भी परिवर्तन नहीं चाहते। ताज्जुब यह है कि करीब साढ़े चार सौ सालों से खेले जा रहे व काफी लोगों द्वारा पसन्द भी किए जा रहे परम्परागत क्रिकेट में अकस्मात् परिवर्तन व प्रयोग करने की आखिर क्या जरूरत आ पड़ी है? आप यकीन मानिए कि आज भी यू-ट्यूब पर पुराने टेस्ट मैचों में सफेद कपड़े पहनकर खेल रहे खिलाड़ियों को देखने का अपना अलग आनन्द है। वह क्रिकेट प्रेमियों को आज के फटाफट व मसाला क्रिकेट से अधिक आनन्ददायी लगता है। अगर टेस्ट मैच की अवधि तय कर दी गई तो स्पिन गेंदबाजी तो समाप्त ही हो जाएगी। कलात्मक गेंदबाजी वैसे ही खतरे में है।

आज भारत, ऑस्ट्रेलिया, दक्षिण अफ्रीका व इंग्लैंड प्रमुख टेस्ट टीमें हैं। पहले कभी वेस्टइंडीज का भी दबदबा था, जब उसके तूफानी गति के एक ही स्तर के चार व पाँच गेंदबाज गेंदबाजी करते थे और विपक्षी टीमों के बल्लेबाज को चैन ही नहीं मिल पाता था। वह जैसे-तैसे अपना शरीर व विकेट बचाते थे। पर 90 के दशक के बाद उसकी स्थिति वैसी नहीं रही। न्यूजीलैंड भी सन्तुलित टेस्ट के रूप में नहीं उभर पाई। पाकिस्तान की भी वह स्थिति नहीं रही जो इमरान युग में थी और इमरान के साथ वसीम अकरम व वकार यूनुस तथा सरफराज गेंदबाजी में कहर बरपाते थे। दक्षिण अफ्रीकी टीम भी अपने प्रदर्शन में नियमित रूप से विविधता नहीं रख पाई।

शुरू से अब तक यदि टेस्ट क्रिकेट के इतिहास में सन्तुलित प्रदर्शन व निरन्तर अच्छे प्रदर्शन की बात करें तो ऑस्ट्रेलिया ने ही सफलता का ग्राफ ऊँचा बनाए रखा है। क्लाइव लॉयड ने तेज गेंदबाजी को हथियार बनाकर वेस्टइंडीज का दबदबा तो बनाया, पर यह अधिक दिन तक

कायम नहीं रह पाया। गॉर्नर, क्राफ्ट, होल्डिंग, मार्शल वाल्श, रॉबर्ट्स जैसे गेंदबाजों की निवृत्ति के बाद इन्हीं के स्तर के गेंदबाज नहीं मिले। अत: वेस्टइंडीज टीम का दबदबा समाप्त हो गया।

ऑस्ट्रेलिया के महान बल्लेबाज विक्टर ट्रम्पर सन्तुलित शैली में कूदकर लगाई गई 'ट्रहव्हं या आकर्षक लेग ग्लांस, दुलीप सिंह की ईजाद की हुई 'रिवर्स स्वीप' और आधुनिक युग में ए.बी. डिविलियर्स की आकर्षक आक्रामक बल्लेबाजी टेस्ट क्रिकेट की ही देन हैं।

टेस्ट क्रिकेट के सरलीकरण की बात हो रही है व इसे 5 की बजाय 4 दिन की अवधि का करने की चर्चा है। यह न हो तो ही अच्छा वरना टेस्ट क्रिकेट का मूल स्वरूप ही नष्ट हो जाएगा। हार-जीत के लिए दोनों टीमों के 20-20 क्रिकेट या फिर किसी एक टीम में बड़े स्कोर बनाने पर दूसरी टीम को दो बार आउट करना होता है। इसका उद्देश्य ही खत्म हो जाएगा। बेहतर तो यही होगा कि हम दर्शकों को स्टेडियम तक लाने के लिए सुविधाएँ बढ़ाएँ व टीमें सकारात्मक क्रिकेट खेलों और गेंदपट्टियाँ परिणामपरक और गेंदबाज बल्लेबाज दोनों को बराबरी का मौका देने वाली हों।

टेस्ट क्रिकेट ही श्रेष्ठता का मानक माना जाता है। सर्वाधिक टेस्ट रन, श्रेष्ठ टेस्ट औसत और सर्वाधिक टेस्ट विकेट के आधार पर ही विजडन में खिलाड़ियों का मूल्यांकन होता है। लेकिन मार्केटिंग के शोर व उसकी आकर्षक जुमलेबाजी व असरदार विज्ञापनों ने क्रिकेट को एकदिवसीय, टी-20 व आई.पी.एल. की ओर इतने असरदार तरीके से मोड़ दिया कि लोग टेस्ट क्रिकेट को अनदेखा करके क्रिकेट के अन्य संस्करणों की ओर आकर्षित होते गए। ऑल राउंडर टेस्ट क्रिकेट की महत्त्वपूर्ण विद्या थी। अतीत में कीथ मिलर, गैरी सोबर्स, रिची बेनो, डेविडसन तथा वीनू मांकड़ व फिर कपिल देव, इयान बॉथम,

रिचर्ड हेडली व इमरान खान और जैक कैलिस इस विधा के गौरवपूर्ण नुमाइंदे थे। इनमें अपनी बल्लेबाजी व गेंदबाजी दोनों के बल पर मैच को निर्णायक मोड़ देने की क्षमता थी और इन लोगों ने ऐसा किया भी। लेकिन जब गुणवत्ता व तकनीक को अनदेखा कर आकर्षक ड्राइव या कट की बजाय बल्लेबाजी में लप्पेबाजी महत्त्वपूर्ण हो गई और लोग हुक शॉट के मिसडिट होकर पाइंट पर छक्का लगाने पर ताली बजाने लगे तो किसने कितने रन बनाए यह महत्त्वपूर्ण हो गया। कैसे व किस परिस्थिति में रन बनाए गए इसे अनदेखा किया जाने लगा। नतीजतन शुद्ध ऑलराउंडर एकदिवसीय क्रिकेट में अप्रासंगिक होते गए व उनकी बजाय बैटर-बॉलर या बॉलर-बैटर यानी थोड़ी-बहुत बल्लेबाजी व कुछ उपयोगी गेंदबाजी और थोड़ी-बहुत गेंदबाजी और कुछ उपयोगी बल्लेबाजी करने वाले उपयोगी किस्म के खिलाड़ियों की माँग व महत्त्व बढ़ गया। अब तो कुछ नया दिखाने के लिए छक्के की ऊँचाई व लम्बाई को बड़े चाव से दिखाया जाता है और चूँकि एकदिवसीय व टी-20 मैच अधिक खेले जा रहे हैं और ऐसे मैच कम। इस कारण स्थित गेंदबाजी व उसकी कला भी प्रभावित हुई है। आठ सौ से ज्यादा टेस्ट विकेट लेने वाले मुरलीधरन, सात सौ से अधिक टेस्ट विकेट लेने वाले शेन वार्न व छह सौ से अधिक टेस्ट विकेट लेने वाले अनिल कुंबले के बाद दूर-दूर तक कोई उनके जैसा स्पिन गेंदबाज नजर नहीं आता। वरना एक समय जब इंग्लैंड के तेज गेंदबाज फ्रेडी ट्रूमेन ने टेस्ट क्रिकेट में तीन सौ विकेट लेने का विश्व कीर्तिमान बनाया तब उन्होंने कहा था कि वे बेहद थका हुआ महसूस कर रहे हैं और भविष्य में जो भी गेंदबाज तीन सौ विकेट लेगा वह लगभग लँगड़ा हो चुका होगा। पर डेनिस लिली, फिर कोर्टनी वॉल्श और अब ये तीन स्पिनर, भला किसने सोचा था कि कोई गेंदबाज 500 टेस्ट विकेट लेगा? पर कीर्तिमान तो बनते ही टूटने के लिए हैं।

ऐसा ही बल्लेबाजी में भी हुआ। जेफ बॉयकॉट, फिर सुनील गावस्कर और अब सचिन तेंदुलकर। भविष्य में कोई इनसे भी आगे जाएगा। यही खेल की तरक्की है और इसी में उसकी निरन्तरता व आकर्षण है। भला किसने सोचा था कि कोई बल्लेबाज एक टेस्ट पारी में 400 व एक प्रखर श्रेणी पारी में 500 रन बनाएगा। पर ब्रायन लारा ने यह करिश्मा करके दिखाया। खिलाड़ी भी मानते हैं कि टेस्ट क्रिकेट ही असली क्रिकेट है। पर वे धन की मजबूरी में और चलन के चलते एकदिवसीय क्रिकेट खेलने के लिए अभिशप्त हैं।

ओ.डी.आई. विश्वकप

1979 के विश्वकप में गैर टेस्ट दर्जा प्राप्त देशों के लिए आई.सी.सी. ट्रॉफी की व्यवस्था की गई जिसमें श्रीलंका व कनाडा ने पात्रता प्राप्त की। वेस्टइंडीज ने यह दूसरा विश्वकप भी जीता और उसने फाइनल में इंग्लैंड को 92 रनों से पराजित किया। इसके बाद आई.सी.सी. ने हर चार साल बाद विश्वकप के आयोजन का फैसला किया। यह स्पर्धा भी इंग्लैंड में ही दिन के उजाले में व परम्परागत कपड़ों में लाल गेंद से खेली गई।

1983 में इंग्लैंड ने तीसरी बार क्रिकेट विश्वकप का आयोजन किया। तीनों ही बार प्रूडेंशियल बीमा कम्पनी प्रायोजक थी। अतः तीनों ही बार इसे प्रूडेंशियल विश्वकप कहा गया। अब तक श्रीलंका को टेस्ट दर्जा मिल चुका था। इस बार आई.सी.सी. ट्रॉफी की पात्रता प्राप्त करने के कारण जिम्बाब्वे इस स्पर्धा में खेला। अब 30 गज के घेरे की व्यवस्था भी की गई जिसके तहत 4 क्षेत्र रक्षक घेरे के अन्दर ही रहते थे। हर टीम को एक-दूसरे के खिलाफ खेलने के 2 मौके मिले। एक मैच में कपिल देव ने विध्वंसक पारी खेलकर भारत को हार के मुँह से बाहर निकालकर मैच जितवा दिया। इस बार फाइनल भारत व दो बार की विश्वकप विजेता वेस्टइंडीज के बीच हुआ और यह मुकाबला भारत

ने 43 रनों से वेस्टइंडीज को हराकर नया इतिहास रचा। अब तक भारत में भी टेलीविजन क्रान्ति आ गई थी। अत: भारत में भी लोगों ने इस मैच का टी.वी. पर सीधा प्रसारण देखा व एकदिवसीय क्रिकेट का रोमांच महसूस किया। 1983 की विश्वकप विजय के बाद भारत में भी क्रिकेट को लेकर उत्साह बढ़ा। भारतीय क्रिकेट कंट्रोल बोर्ड की माली हालत तब इतनी अच्छी नहीं थी कि वह खिलाड़ियों को नकद राशि देकर प्रोत्साहित कर सके। तब राजसिंह डूँगरपुर की मदद से लता मंगेशकर का कंसर्ट आयोजित किया गया और उसके बाद हर खिलाड़ी को 1-1 लाख रुपये दिए गए। पर आज स्थिति भिन्न है। आज बोर्ड शायद विश्व का सबसे धनवान बोर्ड है। पर यह स्थिति धीरे-धीरे ही हुई है। बोर्ड के विभिन्न पदाधिकारियों के कुशल नेतृत्व, संगठन क्षमता और उनकी मार्केटिंग कुशलता के कारण ही यह स्थिति बनी है। 1983 तक अधिकतर विज्ञापन प्रायोजक सिगरेट व शराब की कम्पनियाँ ही होती आई थीं। लेकिन भारत की विभिन्न कम्पनियों ने भी अपने विज्ञापन देने शुरू किए और भारतीय राजस्व लगभग हावी ही होता गया। सिगरेट व शराब के विज्ञापन और खेल आयोजन व स्वास्थ्य ये अजीबोगरीब संयोजन ही था। भारत के सीमेंट, पेट्रोल, कपड़े, अन्य उत्पाद भी अपने मार्केटिंग के लिए क्रिकेट आयोजनों का इंतजार करने लगे।

अभी तक तीनों विश्वकप इंग्लैंड ने ही आयोजित किए थे और वह एक भी नहीं जीत सका था। इस कारण यह अन्धविश्वास फैलता गया कि विश्वकप आयोजित करने वाला देश कभी विश्वकप जीत ही नहीं सकता। अत: जब 1987 का चौथा विश्वकप भारत व पाकिस्तान ने संयुक्त रूप से आयोजित किया तो यही जिज्ञासा थी कि क्या इस बार अन्धविश्वास टूटेगा। यह पहला मौका था जब भारतीय उपमहाद्वीप में इतना बड़ा क्रिकेट आयोजन हो रहा था। भारत व पाक दोनों ही देशों में

बड़ी संख्या में दर्शक आए। मार्केटिंग भी खूब हुई व दोनों ही क्रिकेट बोर्डों की खूब आमदनी हुई।

मैंचों में ओवरों की संख्या कम कर दी गई थी। इंग्लैंड में मैच 60-60 ओवर के हुए थे। पर इस बार 50-50 ओवर के हुए। कारण यही था कि इंग्लैंड की बजाय भारत व पाक में दिन का उजाला कम समय रह पाता है और सभी मैदानों पर फ्लड लाइट की व्यवस्था नहीं थी। फाइनल मुकाबला ऑस्ट्रेलिया व इंग्लैंड के बीच हुआ जिसमें ऑस्ट्रेलिया ने इंग्लैंड को 7 रनों के छोटे से अन्तर से हराया। आयोजक देश इस बार भी विश्वकप नहीं जीत पाए।

1992 में विश्वकप का पाँचवाँ आयोजन ऑस्ट्रेलिया व न्यूजीलैंड की साझेदारी में हुआ। दोनों पड़ोसी देश कैरी पैकर की सुपर क्रिकेट श्रृंखला के आयोजन की सफलता से परिचित थे। अतः इस बार विश्वकप में खिलाड़ियों के लिए रंगीन कपड़े, सफेद गेंद तथा दिन-रात के मैचों, फ्लड लाइट और क्षेत्ररक्षण में 30 गज की सीमा के लिए नए प्रावधान किए गए। दक्षिण अफ्रीकी टीम क्रिकेट विश्वकप में पहली बार खेली। क्रिकेट बिरादरी से बाहर रखी जाने के कारण वह पिछले चार विश्वकपों में नहीं खेल पाई थी। इस विश्वकप की विशेषता यह रही थी कि आरम्भिक मैचों में पॉइंट टेबल में पिछड़ने के बावजूद पाकिस्तान फाइनल मुकाबले में इंग्लैंड को 22 रनों से पराजित करने में कामयाब रहा और इमरान खान विश्वकप जीतकर पाकिस्तान लौटे। यह दूसरा मौका था जब एशिया महाद्वीप की कोई टीम विश्वकप विजेता बनी थी। 1983 में यह सम्मान भारत को मिल चुका था। इस विश्वकप से क्रिकेट में मार्केटिंग की शुरुआत हुई और क्रिकेट व क्रिकेटर्स को विभिन्न कम्पनियों से विज्ञापन मिलने लगे तथा उनकी आय में इजाफा हुआ।

1996 में दूसरी बार भारतीय उपमहाद्वीप में विश्वकप का आयोजन

भारत, पाकिस्तान व श्रीलंका में हुआ। 1987 में पहली बार विश्वकप के आयोजन से ही भारत व पाक में उत्साह था। यह विश्वकप क्रिकेट का 6वाँ संस्करण था। समूह के प्रारम्भिक मैच श्रीलंका में खेले गए। भारत व श्रीलंका के बीच कोलकाता के ईडन गार्डन्स पर सेमीफाइनल खेला गया। उस मैच में श्रीलंका टीम बड़ी जीत की ओर बढ़ रही थी। उसने 252 रन बनाए थे और भारत के मात्र 120 रनों पर 8 विकेट गिर गए थे। भारत के दयनीय प्रदर्शन से निराश व नाराज दर्शकों ने व्यवधान पैदा किया और मैच समाप्त कर दिया गया तथा दोष के आधार पर भारत को पराजित घोषित किया गया। वह वास्तव में क्रिकेट इतिहास खासकर भारतीय क्रिकेट इतिहास का काला दिन था। ऑस्ट्रेलिया व वेस्टइंडीज के बीच दूसरा सेमीफाइनल मोहाली में खेला गया, जिसमें ऑस्ट्रेलिया की जीत हुई। फाइनल मुकाबला श्रीलंका व ऑस्ट्रेलिया के बीच लाहौर में खेला गया जिसमें श्रीलंका ने ऑस्ट्रेलिया को 7 विकेट से पराजित कर पहली बार विश्वकप जीता। इस जीत से श्रीलंकाई क्रिकेट में नई जान आई व उसकी ख्याति बढ़ी। कोलकाता मैच को दर्शकों द्वारा भारत को हारते हुए देखकर मैच रोकना वाकई शर्मनाक था। हार देखकर इस तरह व्यवधान पैदा करना खेल भावना के खिलाफ तो है ही, खीज का भी द्योतक है। जब हम अच्छे विजेता हो सकते हैं तो पराजय के वक्त भी सहज बने रहकर पराजय स्वीकार क्यों नहीं कर सकते?

1975 में विश्वकप की शुरुआत के 24 साल बाद 1999 का विश्वकप फिर से इंग्लैंड में खेला गया। यह चौथा अवसर था जब विश्वकप इंग्लैंड में खेला गया। समूह में प्रारम्भिक मैच स्कॉटलैंड, आयरलैंड, वेल्स व नीदरलैंड में भी खेले गए। इंग्लैंड परम्परा प्रेमी देश है। अत: अभी तक वहाँ फ्लड लाइट का प्रावधान नहीं था। पर मार्केटिंग व तड़क-भड़क के दौर में वहाँ भी विश्वकप के दौरान फ्लड

लाइट लगानी पड़ी। आखिर व्यावसायिक मजबूरियाँ भारी पड़ीं। इस बार 12 टीमों ने विश्वकप में भाग लिया।

स्टीव वॉ ऑस्ट्रेलिया के कप्तान थे। उनकी गिनती ऑस्ट्रेलिया के श्रेष्ठ व सफलतम कप्तानों में होती है। वे भाग्यवान भी थे। 'टाई' की वजह से ऑस्ट्रेलिया की टीम सेमीफाइनल में पहुँची और 'टाई' की बदौलत वह फाइनल खेली। अगर दोनों मैच 'टाई' यानी बराबर न हुए होते तो वह फाइनल में पहुँच ही न पाती। सेमीफाइनल में क्लूसनर व डोनाल्ड के बीच रन बनाने में गफलत हुई और डोनाल्ड का बल्ला विकेट के बीच ही गिर गया तथा वे रन आउट हो गए व मैच 'टाई' हो गया। ऑस्ट्रेलिया व पाकिस्तान के बीच फाइनल खेला गया, जिसमें ऑस्ट्रेलिया ने पाकिस्तान को 132 के छोटे से स्कोर पर आउट कर दिया व 20 ओवर से कम में ही 2 विकेट पर आवश्यक रन बनाकर 8 विकेट से स्पर्धा जीत ली। नतीजतन विश्वकप तीसरी बार जीतकर जीत की 'हैट्रिक' करने पर ऑस्ट्रेलिया के 10 हजार दर्शकों ने टीम का इस्तकबाल किया।

2003 का विश्वकप दक्षिण अफ्रीका, जिम्बाब्वे व कीनिया ने मिलकर आयोजित किया। इस बार भाग लेने वाली टीमों की संख्या और बढ़ गई तथा पिछले विश्वकप की 12 की बजाय इस बार 14 टीमों ने स्पर्धा में भाग लिया। कीनिया ने श्रीलंका व जिम्बाब्वे को हरा दिया और न्यूजीलैंड ने सुरक्षा कारणों से कीनिया में खेलने से इनकार करते हुए मैच ही छोड़ दिया। नतीजतन कीनिया की टीम सेमीफाइनल में पहुँच गई। फाइनल मुकाबला ऑस्ट्रेलिया व भारत के बीच हुआ। ऑस्ट्रेलिया ने 2 विकेट पर 359 रनों का विशाल स्कोर खड़ा किया जो विश्वकप फाइनल का अब तक का सबसे अधिक स्कोर था। उसने भारत को 125 रनों से पराजित कर फाइनल जीत लिया।

2007 का विश्वकप वेस्टइंडीज में खेला गया और इस बार भाग लेने वाली टीमों की संख्या 16 हो गई यानी 2003 के विश्वकप से 2 ज्यादा। इस विश्वकप में आयरलैंड जैसी नई टीम ने पाकिस्तान को हरा दिया और पाकिस्तानी टीम के कोच बॉब वूल्मर अपनी होटल के कमरे में मृत मिले। लोगों को उनकी हत्या किए जाने का शक हुआ, पर जाँच के बाद पाया गया कि उनकी मृत्यु हृदयाघात से हुई थी। फाइनल मुकाबला ऑस्ट्रेलिया व श्रीलंका के बीच हुआ और स्तरहीन रोशनी के माहौल में ऑस्ट्रेलिया ने श्रीलंका को 53 रनों से हराकर लगातार तीसरी बार क्रिकेट विश्वकप जीता। अभी तक विश्वकप में 29 मुकाबलों में ऑस्ट्रेलियाई टीम अपराजित रही थी। भारत के लिए भी यह विश्वकप खराब रहा और उसकी टीम पहले ही मैच में बांग्लादेश से हारकर बाहर हो गई।

2011 का विश्वकप भारत, श्रीलंका व बांग्लादेश की संयुक्त मेजबानी में आयोजित किया गया। पाकिस्तान को इसलिए शामिल नहीं किया गया, क्योंकि वहाँ 2009 में श्रीलंका की टीम पर आतंकी हमला हो चुका था वरना वह चौथा आयोजनकर्ता मेजबान देश होता। वहाँ खेले जाने वाले मैचों को शेष तीन देशों में बाँट दिया गया। यह विश्वकप क्रिकेट का 10वाँ संस्करण था और 1987 व 1996 के बाद भारतीय उपमहाद्वीप में खेला जाने वाला तीसरा विश्वकप। इस बार भाग लेने वाली टीमों की संख्या 14 रही। ऑस्ट्रेलिया को पाकिस्तान ने समूह के अन्तिम मुकाबले में पराजित कर उसका विश्वकप मैचों में अविजित रहने का सिलसिला खत्म कर दिया। फाइनल मुकाबला भारत व श्रीलंका के बीच मुम्बई में खेला गया जिसमें भारतीय टीम 6 विकेट से विजयी हुई। इस तरह भारत ने 1983 के बाद दूसरी बार विश्वकप जीता। साथ ही आयोजक होते हुए विश्वकप जीतने वाला वह पहला देश बना। यह

अन्धविश्वास भी खत्म हुआ कि कोई आयोजक देश विश्वकप जीत ही नहीं सकता। भारत ने अपने ही घर में जीतकर इस भ्रान्ति को दूर कर दिया।

2015 का विश्वकप ऑस्ट्रेलिया व उसके पड़ोसी राष्ट्र न्यूजीलैंड ने साझेदारी में आयोजित किया। 1992 का विश्वकप भी दोनों ने मिलकर ही आयोजित किया था। इस स्पर्धा में भी 14 ही टीमों ने शिरकत की। एसोसिएट सदस्य के रूप में आयरलैंड का प्रदर्शन प्रशंसनीय रहा और उसने स्पर्धा में 3 मैच जीते जो कि उसके साथी सदस्यों में सर्वाधिक थे। रोमांचक व कशमकशपूर्ण पहले सेमीफाइनल मुकाबले में न्यूजीलैंड ने दक्षिण अफ्रीका को पराजित कर विश्वकप में पहली बार फाइनल खेलने की पात्रता प्राप्त की। लेकिन मेलबोर्न में खेले गए फाइनल में ऑस्ट्रेलिया ने न्यूजीलैंड को 7 विकेट से हराकर पाँचवीं बार विश्वकप जीतने का गौरव प्राप्त किया।

विश्वकप क्रिकेट का ताजा व 12वाँ संस्करण 2019 में इंग्लैंड और वेल्स ने आयोजित किया। इस बार भाग लेने वाली टीमों की संख्या घटकर 10 रही। पहले सेमीफाइनल में न्यूजीलैंड ने भारत को पराजित किया। यह मैच बारिश के कारण निर्धारित दिन की बजाय रिजर्व डे पर खेला गया। दूसरे सेमीफाइनल में मेजबान इंग्लैंड ने 5 बार के विजेता ऑस्ट्रेलिया को पराजित किया। फाइनल मुकाबला न्यूजीलैंड व इंग्लैंड के बीच लॉर्ड्स के ऐतिहासिक मैदान पर खेला गया। अभी तक न तो इंग्लैंड ने विश्वकप जीता था और न ही न्यूजीलैंड ने। फाइनल में दोनों ही टीमों का स्कोर 241-241 यानी बराबर हो गया और दोनों ही टीमें 50-50 ओवर खेलीं। मैच 'टाई' होने से सुपरओवर खेला गया और इस बार भी दोनों ही टीमों ने 15-15 रन बनाए और सुपरओवर भी 'टाई' हो गया। आखिरी रन जरूर विवादास्पद रहा क्योंकि बल्लेबाज ने 'क्रास' ही

नहीं किया था। पर यह सब तो खेल का हिस्सा है। बेन स्ट्रोक्स के भाग्य में हीरो बनकर उभरना लिखा था। ऐसी स्थिति में अधिक बाउंड्री लगाने वाली टीम को विजेता घोषित करने का प्रावधान है। अतः इंग्लैंड को अधिक बाउंड्री लगाने के कारण विजेता घोषित किया गया। इस फैसले की आलोचना भी बहुत हुई पर जो हुआ वह आई.सी.सी. के नियमों के अनुसार ही था। पर अगर बल्लेबाजों ने 'क्रास' ही नहीं किया था तो 'स्ट्रोक' को स्ट्राइक मिलनी ही नहीं चाहिए थी यदि ऐसा होता तो न स्ट्रोक 1 रन के लिए दौड़ते, न 'थ्रो' उनके बल्ले से लगकर 'बाउंड्री' पर जाती और न ही इंग्लैंड जीतता। न्यूजीलैंड साफ-साफ जीत जाता।

1975 से 2019 तक 44 वर्षों में क्रिकेट विश्वकप 12 बार आयोजित हुआ। इसे 5 बार ऑस्ट्रेलिया ने, 2-2 बार भारत व वेस्टइंडीज ने और 1-1 बार पाकिस्तान, श्रीलंका व इंग्लैंड ने जीता। ऐसे दर्जा प्राप्त देशों को तो स्वतः ही भाग लेने का मौका मिलता है लेकिन अन्य टीमों को आई.सी.सी. ट्रॉफी जिसे अब आई.सी.सी. वर्ल्ड क्वालिफायर कहा जाता है, जैसे प्रारम्भिक मुकाबलों के आधार पर स्पर्धा में प्रवेश का मौका मिलता है। पूर्णकालिक व आंशिक सदस्य आई.सी.सी. के सदस्य होते हैं जिनमें से आंशिक सदस्यों को 2 और 5 स्थितियों से गुजरकर विश्वकप फाइनल खेलने का अवसर मिलता है।

समय के साथ-साथ विश्वकप क्रिकेट का प्रारूप भी बदलता रहा है। पहले 4 विश्वकप में 8 टीमें खेली थीं जिन्हें 2 समूहों में बाँटा गया था। स्पर्धा समूह व नॉक आउट दो स्थितियों में खेली गई थीं और हर समूह की टीम को राउंड रॉबिन आधार पर एक-दूसरे के खिलाफ खेलने का मौका मिला था और समूह में प्रथम रहने वाली 2 टीमों को सेमीफाइनल खेलने का मौका मिला था। सेमीफाइनल में जीतने वाली टीमों के बीच फाइनल खेला गया था। 1992 में दक्षिण अफ्रीका के

प्रवेश के बाद 9 टीमें समूह में एक बार एक-दूसरे के खिलाफ खेलीं और शीर्ष पर रहने वाली 4 टीमें सेमीफाइनल खेलीं। 1996 में 6-6 टीमों के दो समूह बनाए गए और हर समूह में शीर्ष पर रहने वाली 4 टीमों को सेमीफाइनल व फाइनल खेलने का मौका मिला। 1999 व 2003 के विश्वकप में बदलाव किया गया। टीमों को 2 पूल में बाँटा गया और हर पूल में शीर्ष पर रहने वाली 3 टीमों को रखा गया तथा इस तरह सुपर 6 का प्रावधान हुआ। सुपर 6 टीमों व अन्य समूहों से आई 3 अन्य टीमों के बीच मैच हुए। सुपर 6 में आई 4 टीमों को सेमीफाइनल व फाइनल खेलने की पात्रता प्राप्त हुई। 2007 के विश्वकप के प्रारूप में 16 टीमों को 4 समूहों में बाँटा गया। सुपर 8 राउंड में शीर्ष पर रहने वाली 4 टीमों के बीच सेमीफाइनल व उनके विजेताओं के बीच फाइनल खेले जाने का प्रावधान था। 2011 व 2015 के विश्वकप में 7 टीमों के 2 समूह बनाए गए और हर टीम राउंड रॉबिन पद्धति के आधार पर खेली। हर समूह की 4 शीर्ष टीमें क्वार्टरफाइनल, सेमीफाइनल व फाइनल में खेलीं। 2019 के विश्वकप में भाग लेने वाली टीमों की संख्या घटकर 10 रह गई और इस बार 1992 के विश्वकप वाला प्रारूप ही इस्तेमाल किया गया। हर टीम दूसरी टीम के खिलाफ राउंड रॉबिन आधार पर खेली और सेमीफाइनल तक यही सिलसिला चला।

आई.सी.सी. विश्वकप की ट्रॉफी विश्वकप जीतने वाली टीम को दी जाती है। वर्तमान में जो ट्रॉफी दी जा रही है वह 1999 में बनाई गई थी। इसके पहले अलग-अलग किस्म की ट्रॉफियाँ दी गई थीं। पर वर्तमान ट्रॉफी लंदन में गेरेंड एंड कम्पनी के योग्य कारीगरों ने बनाई है। इसे बनाने में 2 माह का समय लगा। यह चाँदी, सोना व गिल्ट से बनाई गई है और इसका वजन करीब 11 किलो है। मूल ट्रॉफी तो आई.सी.सी. रखती है और विजेता टीम को उसकी छाया कॉपी यानी प्रतिमूर्ति दी जाती है।

विश्वकप क्रिकेट विश्व के सर्वाधिक देखे जाने वाले खेल प्रसारणों में शुमार है और 200 देशों में इसका टेलीविजन पर सीधा प्रसारण होता है। 2003 के विश्वकप में 6,26,845 दर्शकों का समूह उमड़ा था जबकि 2007 के विश्वकप में 6,72,000 टिकिट बिके थे और 2015 के विश्वकप में 1.1 लाख टिकिट की बिक्री हुई थी। टेलीविजन अधिकार बेचे जाने में ही करोड़ों की कमाई होती है। तभी प्रमोशन, विज्ञापन और कॉर्पोरेट घरानों से भी मोटी रकम मिलती है। अतः राजस्व प्राप्ति के मामले में विश्वकप सोने की मुर्गी है। आई.सी.सी. ही नहीं, आयोजक राष्ट्र को भी अच्छी रकम प्राप्त होती है। खिलाड़ियों को भी अच्छा भुगतान किया जाता है तथा उनके रख-रखाव का पूरा ध्यान रखा जाता है। आयोजनकर्ता देश का निर्णय आई.सी.सी. की क्रियान्वयन समिति करती है और इसके लिए भी इच्छुक राष्ट्र ऊँचे दामों की बोली लगाते हैं।

विश्वकप क्रिकेट की शुरुआत इसलिए की गई थी कि इसके आयोजन से टेस्ट क्रिकेट को नई जिन्दगी मिलेगी। टेस्ट क्रिकेट नीरस होता जा रहा था और बहुत से टेस्ट अनिर्णीत रहने लगे थे। यद्यपि इसके लिए टेस्ट क्रिकेट के फॉर्मेट से ज्यादा कप्तानों, खिलाड़ियों व निर्जीव तथा पाटा विकेट जिम्मेदार थे। एकदिवसीय क्रिकेट को निर्णायक व रोमांचक बताया गया था तथा कहा गया था कि यह सकारात्मक क्रिकेट है। लेकिन सवाल किया जा सकता है कि जिस क्रिकेट में बल्लेबाज को रन बनाने से रोकने के हिसाब से गेंदबाजी करने को बढ़ावा दिया जाता है, वह भला सकारात्मक कैसे हो सकता है? फैसला जरूर होता है पर वहाँ भी मैच 'टाई' होते हैं और सुपरओवर के बाद भी 'टाई' ही परिणाम आता है तथा 2019 के विश्वकप फाइनल में अधिक बाउंड्री के आधार पर दिए गए विवादास्पद फैसले सामने आते हैं। फैसला मैदान पर ही होना चाहिए भले ही कितने भी सुपरओवर और न खेले जाएँ। सीमित

ओवर के एकदिवसीय क्रिकेट ने गेंदबाजी व बल्लेबाजी के सन्तुलन को बल्लेबाजी के पक्ष में झुका दिया है। टेस्ट क्रिकेट में यह सन्तुलन था। अब तराजू बल्लेबाजी के पक्ष में झुक गई है। गेंदबाज भी विकेट लेने की बजाय थोड़ी-सी शार्ट पिच गेंद फेंककर बल्लेबाज को रन बनाने से रोकने की कोशिश करते हैं और मध्यम गति के गेंदबाज अधिक उपयोगी साबित होते हैं। अब 'बॉलर-बैटर' और 'बैटर-बॉलर' यानी ऐसा गेंदबाज जो थोड़ी-बहुत बल्लेबाजी भी कर ले और ऐसा बल्लेबाज जो थोड़ी-बहुत गेंदबाजी भी कर लेता हो। ऐसे उपयोगी व कामचलाऊ खिलाड़ियों ने टेस्ट क्रिकेट के शुद्ध ऑल राउंडर की जगह ले ली है। एकदिवसीय क्रिकेट से खिलाड़ियों व आयोजकों को भले ही फायदा हुआ हो, खेल का तो नुकसान ही हुआ और उसकी लुभावनी कलात्मकता समाप्त हो गई।

अभी तक 20 देशों ने कम से कम 1 बार विश्वकप में भाग लिया है। 7 देशों ने तो हर स्पर्धा में शिरकत की है और 6 ने अभी तक स्पर्धा जीती है। ऑस्ट्रेलिया ने 1992 में, इंग्लैंड ने 1999 में, दक्षिण अफ्रीका ने 2003 में और बांग्लादेश ने 2011 में विश्वकप का आयोजन तो किया किन्तु यही टीमें पहले ही दौर में स्पर्धा से बाहर हो गईं।

टी-20 क्रिकेट

टी-20 यानी बीसम-बीसा क्रिकेट का सबसे छोटा प्रारूप है। 2002 में जब इंग्लैंड में बेंसन एंड हेजेस कप समाप्त हुआ तो इंग्लैंड के क्रिकेट बोर्ड ने तय किया कि उसके स्थान की पूर्ति के लिए कोई अन्य स्पर्धा शुरू की जानी चाहिए। तय हुआ कि नौजवान दर्शकों की रुचि व उनकी रोमांच व सतत उतार-चढ़ाव वाले निर्णायक रुझान के किसी छोटे प्रारूप की स्पर्धा शुरू की जाए क्योंकि टेस्ट क्रिकेट में कम होती जा रही रुचि व घटते राजस्व को देखते हुए यह जरूरी था। ई.सी.बी. के मार्केटिंग मैनेजर ने प्रति टीम 20 ओवर के मैच का प्रस्ताव दिया जो 11-7 के बहुमत से पास हो गया। नतीजतन टी-20 की शुरुआत हुई। पहला टी-20 मैच लॉर्ड्स पर 2004 में मिडिलसेक्स व सरे के बीच खेला गया जिसे देखने 27,509 दर्शक आए जो कि एक कीर्तिमान था। अब अधिकांश अन्तर्राष्ट्रीय दौरों पर टीमें कम से कम एक टी-20 मुकाबला तो खेलती ही हैं।

धीरे-धीरे अन्य देशों में भी टी-20 की शुरुआत हुई। पाकिस्तान में 2014, ऑस्ट्रेलिया में 2005 में व 2006 में वेस्टइंडीज में टी-20 स्पर्धा हुई जिसमें वेस्टइंडीज की 19 स्थानीय टीमों ने भाग लिया। भारत में भी

2007 के आई.सी.सी. विश्वकप टी-20 के बाद टी-20 लीग शुरू हुई और 2008 में आई.पी.एल. की शुरुआत हुई।

हर 2 साल बाद आई.सी.सी. विश्वकप टी-20 स्पर्धा आयोजित होती है पर यदि विश्वकप एकदिवसीय स्पर्धा भी उसी वर्ष होती हो तो टी-20 स्पर्धा एक साल पहले आयोजित की जाती है। अन्तर्राष्ट्रीय क्रिकेट काउंसिल सभी स्पर्धाओं की निगरानी करती है।

टी-20 विश्वकप का पहला मुकाबला 2007 में दक्षिण अफ्रीका में खेला गया। फाइनल में भारत ने पाकिस्तान को मात दी। दूसरी टी-20 स्पर्धा इंग्लैंड में हुई जिसमें पाकिस्तान ने श्रीलंका को 7 विकेट से हराया। 2010 में आई.सी.सी. विश्वकप टी-20 स्पर्धा वेस्टइंडीज में खेली गई जिसमें इंग्लैंड ने ऑस्ट्रेलिया को 7 विकेट से हराया। 2014 में यह स्पर्धा बांग्लादेश में आयोजित हुई जिसमें फाइनल में श्रीलंका ने भारत को हराया। 2016 का विश्वकप टी-20 वेस्टइंडीज ने जीता।

टी-20 में खिलाड़ी ड्रेसिंग रूम में नहीं बल्कि फुटबॉल मैच की तरह बेंचों पर बैठते हैं। हर टीम 20 ओवर बल्लेबाजी करती है। हर मैच 3 घंटे में समाप्त हो जाता है। हर पारी करीब 90 मिनट में खत्म होती है और 10 मिनट हर पारी के बाद परिवर्तन के लिए मिलते हैं। यदि कोई टीम 70 मिनट में अपना 20वाँ ओवर पूरा नहीं करती तो अम्पायर बल्लेबाजी करने वाली टीम को 6 रन प्रति अतिरिक्त ओवर के लिए अवार्ड कर सकता है। यदि बल्लेबाजी करने वाली टीम समय जाया करती लगे तो वह समय में इजाफा कर सकता है। हर गेंदबाज के लिए पूरे मैच के ओवर का 5वाँ हिस्सा निर्धारित है। यानी यदि पूरे 20 ओवर का खेल हो तो हर गेंदबाज को 4 ओवर मिलेंगे। यदि कोई गेंदबाज नो बॉल करे तो बल्लेबाजी करने वाली टीम को 1 रन या 1 अतिरिक्त गेंद मिलेगी ही, 'फ्रीहिट' का लाभ भी मिलेगा जिस पर वह खुलकर व आउट होने

की परवाह किए बिना प्रहार कर सकता है। उसे केवल रनआउट, हिट विकेट या क्षेत्ररक्षण में रुकावट डालने पर ही आउट दिया जा सकता है। क्षेत्ररक्षण के लिए भी नियम तय हैं। पूरे समय लेग साइड पर 5 से अधिक क्षेत्ररक्षक नहीं रखे जा सकते। पहले 6 ओवर तक अधिकतम 2 क्षेत्ररक्षक ही 30 गज के सर्कल के बाहर तैनात किए जा सकते हैं और 6 ओवर के बाद सर्कल के बाहर अधिकतम 5 क्षेत्ररक्षक रखे जा सकते हैं।

यदि दोनों टीमों का स्कोर बराबर रहता है व मैच 'टाई' होता है तो प्रति टीम। सुपर ओवर का प्रावधान है। हर टीम 3 बल्लेबाज और एक गेंदबाज को सुपर ओवर में खिला सकती है। जो टीम बाद में बल्लेबाजी करती है उसे सुपर ओवर में पहले खेलने का मौका मिलता है। यदि 2 बल्लेबाज आउट हो जाते हैं तो पारी खत्म हो जाती है व दूसरी टीम खेलती है। यदि सुपर ओवर में भी स्कोर बराबर रहता है व मैच फिर 'टाई' हो जाता है तो जो टीम अधिक बाउंड्री लगाती है उसे विजयी घोषित कर दिया जाता है।

भारत में टी-20 की विधिवत् शुरुआत दिसम्बर 2006 से हुई। आई.पी.एल. और सैयद मुश्ताक अली ट्रॉफी ये 2 टी-20 स्पर्धाएँ हैं जिन्हें भारत की आधिकारिक स्पर्धाओं के रूप में मान्यता प्राप्त है। भारत को मिलाकर 17 प्रमुख क्रिकेट देशों में टी-20 स्पर्धाएँ आयोजित हो रही हैं।

क्रिकेट के सरलीकरण के प्रयास में आई.सी.सी. ने टी-20 क्रिकेट की शुरुआत तो की और वह क्रिकेट का छोटा प्रारूप होने से जनसाधारण में लोकप्रिय भी हुआ। लेकिन परम्परावादी क्रिकेट प्रेमी जो वर्षों से क्रिकेट के दीवाने थे, वे इस मनोरंजन से भरे क्रिकेट से दूर होते गए। उनकी निगाह में जहाँ एकाग्रता, धैर्य, तकनीक व कलात्मकता ही न हो वह भला उनकी पसन्द का क्रिकेट कैसे हो सकता है। सीमित ओवर

के 50-50 ओवर के एकदिवसीय क्रिकेट ने उसे बल्लेबाजों का खेल बनाने की शुरुआत की थी। पर टी-20 ने तो उसे पूरी तरह बल्लेबाजों के खेल में बदल दिया। कवर ड्राइव, लेग ग्लांस, स्क्वेयर कट जैसे कलात्मक ट्रोक्स का स्थान शुद्ध लप्पेबाजी ने ले लिया। यानी क्रिकेट का कत्लेआम शुरू हो गया। जब अब किसी भी स्तर से नीचे उतरने की शुरुआत करते हैं तो फिर बीच में कहीं रुकने की सम्भावना नहीं रहती। बिलकुल नीचे ही आकर रुकना हो पाता है। सम्भव है टी-10 या टी-5 भी शुरू हो जाए। मोबाइल पर अपनी पसन्दीदा एकादश बनाकर खेलने की शुरुआत तो हो ही चुकी है।

आई.पी.एल.

इंडियन प्रीमियम लीग टी-20 क्रिकेट की शुरुआत भारतीय क्रिकेट कंट्रोल बोर्ड ने 2008 से की। यह बोर्ड की अधिकृत पेशेवर क्रिकेट स्पर्धा है जो हर वर्ष मार्च, अप्रैल और मई में खेली जाती है और इसमें भारत के विभिन्न शहरों की 8 टीमें भाग लेती हैं। दरअसल यह टी-20 स्पर्धा इंडियन क्रिकेट लीग यानी आई.सी.एल. के तोड़ में शुरू की गई। आई.सी.एल. में विभिन्न देशों के निवृत्त खिलाड़ियों को इकट्ठा किया गया था और यह प्रयास लोगों की भीड़ जुटाने में आंशिक रूप से सफल भी रहा। तभी बोर्ड ने तय किया कि बूढ़े व खेल से निवृत्त हो चुके खिलाड़ियों की बजाय युवा व वर्तमान में विभिन्न देशों के लिए खेल रहे लोकप्रिय खिलाड़ियों को जुटाकर लीग स्पर्धा शुरू की जाए। इसके लिए योजना बनी, नियम बने, कमेटी बनी और मार्केटिंग की शुरुआत भी हुई।

चेन्नई, बेंगलुरु, हैदराबाद, मुम्बई, कोलकाता, राजस्थान, दिल्ली व पंजाब की टीमें खेलती हैं और हर टीम में देशी व विदेशी खिलाड़ियों की सीमा तय है, जिन्हें नीलामी में खरीदा जाता है। हर टीम का प्रायोजन एक-दो या तीन उद्योगपति मिलकर करते हैं। वे पहले टीमों के लिए निश्चित राशि की व्यवस्था कर टीमों की मालकियत खरीदते हैं तथा

बजट बनाकर खिलाड़ियों पर निवेश करते हैं। इंडिया सीमेंट के मालिक व क्रिकेट कंट्रोल बोर्ड के पूर्व अध्यक्ष श्रीनिवासन, रिलायंस समूह की नीता अंबानी, अभिनेता शाहरूख खान, अभिनेत्री प्रीति जिंटा व शिल्पा शेट्टी और उनके पति उद्योगपति कुंद्रा उन लोगों में प्रमुख हैं जो विभिन्न टीमें खरीदते रहे हैं। श्रीनिवासन चेन्नई, अंबानी मुम्बई इंडियंस, प्रीति जिंटा पंजाब व शिल्पा शेट्टी राजस्थान रॉयल्स और शाहरूख कोलकाता नाइट राइडर्स में दिलचस्पी लेते रहे हैं।

यद्यपि आई.पी.एल. की योजना तो 2007 में ही बन गई थी लेकिन उसकी विधिवत् घोषणा बोर्ड के तत्कालीन उपाध्यक्ष ललित मोदी ने 2008 में दिल्ली में एक आकर्षक व रंगारंग कार्यक्रम में की। स्पर्धा के प्रारूप, इनामी राशि, फ्रेंचाइजी का तरीका व टीमों के गठन के तौर-तरीके के बारे में सभी आवश्यक जानकारियाँ दी गईं। संचालन के लिए 7 सदस्यीय टीम का गठन हुआ, जिनमें भारत के पूर्व खिलाड़ी व बोर्ड के पदाधिकारी शरीक थे। ललित मोदी ने यह भी बताया कि वे पिछले 2 वर्षों से इस योजना की तैयारी कर रहे थे और उन्होंने इसे इंग्लैंड की प्रीमियर लीग व अमेरिका की एन.बी.ए. के आधार पर बनाया है। 2008 में विभिन्न फ्रेंचाइजी का आधार मूल्य 400 बिलियन डॉलर रखा गया था। नीलामी के बाद जीतने वाली टीमों व शहरों के नामों की घोषणा की गई। अन्त में सभी फ्रेंचाइजी 723.59 मिलियन डॉलर में बेची गईं। यह भी कहा गया कि बच्चों व महिलाओं को भी क्रिकेट के प्रति आकर्षित करने में यह स्पर्धा बड़ी भूमिका निभाएगी।

2010 में बताया गया कि इस स्पर्धा में 2 नई फ्रेंचाइजी भी जुड़ेंगी। अत: 2011 में पुणे वारियर्स और केरल की कोच्ची टस्कर्स भी लीग में जुड़ गई। सहारा ने 370 मिलियन डॉलर में पुणे को और कोडेंजस स्पोर्ट्स ने कोच्ची को 333.3 मिलियन डॉलर में खरीदा।

1 नवम्बर 2011 को घोषणा की गई कि शर्तों के उल्लंघन के कारण कोच्ची टस्कर्स की टीम स्पर्धा में हिस्सा नहीं लेगी। सितम्बर 2012 में बताया गया कि नए मालिक नहीं मिलने के कारण डेक्कन चार्जस को स्पर्धा से बाहर किया जाएगा। अगले ही माह अक्टूबर 2012 में घोषणा की गई कि सनराइजर्स हैदराबाद के रूप में नई टीम खेलेगी। इसका मालिक सन टी.वी. नेटवर्क था। बी.सी.सी.आई. से हुए आर्थिक मतभेदों के कारण 2013 में पुणे वारियर्स को स्पर्धा से बाहर कर दिया गया। प्रमुख वजह आवश्यक बैंक गारंटी उपलब्ध न कराना रहा। जून 2015 में निर्णय हुआ कि मैच-फिक्सिंग व स्पॉट फिक्सिंग के आरोपों के तहत 2 बार की विजेता चेन्नई सुपर किंग्स व पहली स्पर्धा की विजेता राजस्थान रॉयल्स को 2 वर्ष के लिए स्पर्धा से निष्कासित कर दिया गया है। चेन्नई के मालिक व पूर्व बोर्ड अध्यक्ष श्रीनिवासन व उनके दामाद की पद्धति पर भी छींटे पड़े। दिसम्बर 2015 में बताया गया कि 2 वर्ष के लिए पुणे सुपर जायंट और गुजरात लायंस, चेन्नई व राजस्थान की टीमों का स्थान लेंगे।

वर्तमान प्रारूप के अनुसार 8 टीमें व उसके खिलाड़ी एक-दूसरे के खिलाफ दो बार राउंड रॉबिन पद्धति से खेलते हैं। एक मैच टीम के घरू मैदान पर या घरू मैदान के रूप में चुने गए मैदान पर होता है और दूसरा उसे मैच बाहर जाकर खेलना होता है। लीग राउंड पूरा हो जाने के बाद शीर्ष पर आने वाली चार टीमें प्ले ऑफ के लिए योग्यता प्राप्त करती हैं। प्रथम दो स्थानों पर आने वाली टीमों के बीच पहला क्वालीफाइंग मैच होता है और जीतने वाली टीम फाइनल में पहुँचती है। हारने वाली टीम को क्वालीफाइंग मैच में दूसरे स्थान वाली टीम के खिलाफ खेलकर जीतने पर फाइनल में खेलने का अवसर मिलता है। लीग में तीसरे व चौथे स्थान पर रहने वाली टीमें आपस में खेलकर

बाहर जाने वाली व आगे बढ़ने वाली टीमों के बीच फैसला करती हैं। फाइनल में पहुँचने की पात्रता जीतने वाली टीम को मिलती है। विजेता को आकर्षक आई.पी.एल. ट्रॉफी मिलती है।

कोई भी टीम 3 में से किसी भी तरीके से खिलाड़ी चुन सकती है। पहला है वार्षिक नीलामी, दूसरा है दूसरी टीमों के साथ कारोबारी खिड़की पर खिलाड़ियों का चुनाव और तीसरा है खिलाड़ियों की अदला-बदली के लिए अनुपलब्ध खिलाड़ियों के लिए नए खिलाड़ी लेना। बिना बिके खिलाड़ी भी अनुबन्ध पत्र पर हस्ताक्षर करते हैं और ऐसे खिलाड़ी भी जो अनुपलब्ध होते हैं। वे कौन क्या व कितनी राशि दे रहा है, यह देखकर हस्ताक्षर करते हैं। नया अनुबन्ध खिलाड़ी की अनुमति से ही होता है और पहले क्या मिल रहा था और अब क्या मिल रहा है इसका अन्तर खिलाड़ी व फ्रेंचाइजी के बीच बँट जाता है। बिकवाली के दो अवसर तो नीलामी के पहले मिलते हैं और एक नीलामी के बाद किन्तु स्पर्धा में पहले अधिकृत बिकवाली केन्द्र के अलावा खिलाड़ियों की खरीद-फरोख्त नहीं हो सकती और न ही स्पर्धा शुरू होने के बाद खिलाड़ी खरीदे या बेचे जा सकते हैं। खिलाड़ी खुद अपना आधार मूल्य तय करते हैं और नीलामी के दौरान उद्घोषक उपस्थित टीमों के मालिकों व उनके सहयोगियों से उस कीमत से आगे बढ़ने के लिए बोली लगाने का आग्रह करता है। 2020 के लिए घोषित नियम इस प्रकार हैं—

1. हर टीम में 18 से 25 खिलाड़ी होंगे, जिनमें विदेशी खिलाड़ी 8 से अधिक नहीं होंगे।
2. पूरी टीम की वेतन सीमा 12 मिलियन डॉलर होगी यानी 850 लाख रु. से अधिक नहीं होगी।
3. 19 वर्ष से कम के उन्हीं खिलाड़ियों को लिया जा सकेगा जिन्होंने प्रथम श्रेणी क्रिकेट या लिस्ट ए क्रिकेट खेला हो।

4. अपने 11 खिलाड़ियों में टीमें 4 से अधिक विदेशी खिलाड़ियों को नहीं खिला पाएँगी।

हर खिलाड़ी का अनुबन्ध सालभर के लिए होता है और यह फ्रेंचाइजी पर निर्भर है कि वह उस अनुबन्ध को एक या दो साल के लिए और बढ़ाए। 2014 से अनुबन्ध राशि का भुगतान भारतीय मुद्रा में होने लगा है। वरना पहले डॉलर में होता था। विदेशी खिलाड़ियों को यह अधिकार होता है कि वे चाहें उस मुद्रा में राशि लें। 2014 के पहले भारतीय खिलाड़ियों को नीलामी समूह में शामिल नहीं किया जाता था और फ्रेंचाइजी के साथ तयशुदा राशि में से 1 से 3 लाख करवाकर भुगतान पाते थे। यानी उनके वेतन में से यह राशि कम कर दी जाती थी। इसका विरोध हुआ क्योंकि कुछ टीमें गुपचुप तरीके से खिलाड़ियों से अनुबन्ध कर रही हैं। इसके बाद भारतीय खिलाड़ियों को भी नीलामी प्रक्रिया में शामिल किया जाने लगा।

2015 की एक सर्वे रिपोर्ट के अनुसार आई.पी.एल. का औसत वेतन 33 मिलियन डॉलर प्रतिवर्ष है जो कि विश्व की विभिन्न खेल लीग स्पर्धाओं में दूसरे स्थान पर है। आई.पी.एल. में खिलाड़ियों को पूरे साल का वेतन मिलता है जबकि अन्य खेल में किसी खिलाड़ी को किसी एक टीम के साथ पूरे साल का अनुबन्ध करना होता है। पारी खत्म करने के लिए कोई समय सीमा तो नहीं है पर यदि अम्पायर को लगे कि कोई टीम इसका दुरुपयोग कर रही है तो वह उस पर पेनाल्टी लगा सकता है। हर टीम को 2 मिनट की योजना अवधि यानी स्ट्रेटेजिक टाइम आउट दिया जाता है जो वास्तव में विज्ञापनों को समाहित करने के लिए होता है। टेलीविजन प्रसारण में छोटी अवधि के विज्ञापनों से भी बहुत आय होती है। अत: गेंदबाजी करने वाली टीम छठवें व नौवें ओवर के बीच तथा बल्लेबाजी करने वाली टीम तेरहवें व सोलहवें ओवर में यह टाइम

आउट ले सकती है। 2018 से डी.आर.एस. यानी निर्णय के पुनर्निरीक्षण का प्रावधान भी किया गया है और आई.पी.एल. में हर टीम को हर पारी में एक बार निर्णय 'रिव्यू' करने का अवसर मिलता है।

2019 की आई.पी.एल. में 500 लाख रुपये की राशि रखी गई थी। कप विजेता टीम को 200 लाख, तथा दूसरे व तीसरे स्थान पर रहने वाली टीम को क्रमश: 125 लाख व 87.5 लाख रुपये मिले थे। नियम में यह भी स्पष्ट है कि जीती हुई राशि का आधा भाग खिलाड़ियों में बाँटा जाए।

आई.पी.एल. दरअसल दर्शकों की क्रिकेट स्पर्धा है, खिलाड़ियों की नहीं। दर्शकों को लुभाने के लिए सभी सम्भव प्रयास किए जाते हैं और तरह-तरह के प्रलोभन दिए जाते हैं। माहौल को दर्शनीय, आकर्षक व खुशनुमा बनाने के लिए तरह-तरह के विज्ञापन, टेलीविजन पर विभिन्न ब्रांड्स का खुलकर प्रचार जिसके द्वारा दर्शकों को ललचाया जाता है व मजबूर कर दिया जाता है कि वे सब कुछ छोड़कर मैदान पर आएँ। 'चियर गर्ल्स' की व्यवस्था की जाती है जो चौका या छक्का लगने पर नाच-नाचकर खुशी का इजहार करती हैं। पहले 'चियर गर्ल्स' विदेशों से आती थीं। अब भारत की लड़कियों को ही प्राथमिकता दी जाती है। कभी-कभार चियर बॉइस भी तैनात होते हैं और वे भी यही सब करते हैं। चुनिंदा खिलाड़ियों को माइक पर मैदान के बाहर बैठे कुछ खास लोगों से बातचीत करते हुए भी दिखाया जाता है। दिलचस्पी व हैरानी की बात यह है कि एकाग्रता की बुनियाद पर आसीन इस खेल में खेलते-खेलते बातचीत भी चलती रहती है। अम्पायर इसे रोकने की बात तो दूर खुद भी बाहर बैठे लोगों से अम्पायरिंग के दौरान बातचीत करते रहते हैं। ताकतवर कैमरे चारों ओर से दूर घटना को कैच करते व दिखाते हैं। टेलीविजन पर चूँकि मैच का सीधा प्रसारण होता रहता है। इस कारण दर्शक भी

बन-सँवरकर आते हैं व थोड़े-थोड़े अन्तराल के बाद ऐसा कुछ जरूर करते हैं कि टेलीविजन कैमरा उन्हें दिखाए। दर्शक खाना-पीना भी जारी रखते हैं। यानी उन्हें यहाँ हर तरह का मनोरंजन मिलता है। यह क्रिकेट कम, मनोरंजन ज्यादा है। बल्कि कहिए कि मनोरंजन के दौरान यदा-कदा क्रिकेट भी नजर आ जाता है। इस उत्सव को यादगार व चमकदार बनाने के लिए कई हथकंडे इस्तेमाल में लाए जाते हैं। टीम मालिकों, उनके मेंटर व सहयोगियों के साथ-साथ टीम का समर्थन करने वालों को भी फोकस किया जाता है। छक्कों की ऊँचाई व लम्बाई भी बताई जाती है जबकि क्रिकेट जानकार जानते हैं कि कोई भी छक्का कितना भी ऊँचा व कितनी भी दूर क्यों न जाए, मिलेंगे तो छह रन ही। पर लीक से हटकर कुछ विशेष बताने की कोशिश में यह सब होता है।

पूरा स्टेडियम विभिन्न ब्रांड्स, उत्पाद व प्रायोजकों के विज्ञापनों से पटा रहता है। साबुन, मसाले, कार, सीमेंट, पान मसाले, खान-पान की सामग्री, कपड़े, गहने, जूते, पेय व शुद्ध पीने का पानी, ऑनलाइन शॉपिंग, क्रेडिट-डेबिट कार्ड, मोबाइल फोन व इलेक्ट्रॉनिक सामान ही नहीं, कोचिंग संस्थान व होटल भी धूमधाम से अपने आकर्षक विज्ञापन दिखाते व लगवाते हैं। कम्पनियाँ निवेश करती हैं खर्च नहीं। वे अपने ब्रांड का विज्ञापन ऐसे लोगों से करवाती हैं जो लोकप्रिय हो, जिनकी साख हो, विश्वसनीयता हो और जिनकी बात पर लोगों को यकीन हो फिर भले ही वे फिल्मी सितारे हों या खिलाड़ी। और इसके लिए उन्हें आकर्षक फीस दी जाती है। लोग समझते हैं कि अमिताभ बच्चन, हेमा मालिनी, शाहरूख खान, अक्षय कुमार, धोनी, कोहली या सहवाग जो कह रहे हैं, उस पर भरोसा किया जा सकता है। लोगों के लिए ये आइकॉन हैं। बहुत कम लोग जानते हैं कि जो कुछ ये कह रहे हैं वह उनसे पैसा देकर कहलवाया जा रहा है। पैसा दो और कुछ भी कहलवा लो और चाहे जिस

चीज का विज्ञापन करवा लो। फिल्मी या खेल जगत के लोग जितना पैसा विज्ञापनों से कमाते हैं उतना पैसा अपने मुख्य काम से नहीं कमा पाते।

आई.पी.एल. में सिर्फ 30 या 40 दिन खेलने के वहाँ करोड़ों रुपये मिलते हैं, वहीं रणजी या अन्य प्रथम श्रेणी मैचों के 15 या 20 मैचों के लिए उन्हें 2 लाख प्रति मैच के हिसाब से 30 या 40 लाख रुपये मिल पाते हैं। यह एक बड़ा अन्तर है और चिन्ता का विषय है। गम्भीर किस्म में क्रिकेट के लिए कम भुगतान हो और खाने-पीने वाले क्रिकेट के लिए अधिक पैसा मिले तो नए खिलाड़ी स्वाभाविक रूप से आई.पी.एल. की ओर ही आकर्षित होंगे।

प्रचार-प्रसार की ताकत पर आई.पी.एल. का माहौल बनाया जाता है। इसके लिए बाकायदा इवेंट एक्सपर्ट व मीडिया जानकारों की मदद ली जाती है। जाहिर तौर पर विज्ञापन आते हैं कि असली क्रिकेट तो आई.पी.एल. में ही देखने को मिलेगा। टेलीविजन, सोशल मीडिया और समाचार-पत्रों में प्रायोजित लेख लिखवाकर छपवाए जाते हैं। इस शोर में नक्कारखाने में जानकारों की तूती की आवाज कौन सुने? प्रभावशाली लोगों के साक्षात्कार व उनसे बातचीत में यही जोर देकर बताया जाता है कि जिसने यह मौका छोड़ा वह जिन्दगी भर पछताएगा। मैचों को मशहूर खिलाड़ियों को आमने-सामने लाकर संघर्ष और मुख्य का रूप दिया जाता है ताकि दर्शक उत्तेजित हों व देखने के लिए आकर्षित हों। आप इसे क्रिकेट कार्निवाल कहें, क्रिकेट की मदें या क्रिकेट प्रदर्शनी है तो यह क्रिकेट की नुमाइश या तमाशा ही है। यह कारोबारियों का क्रिकेट है जो पैसा लगाकर और अधिक पैसा कमाना चाहते हैं।

आई.पी.एल. की शुरुआत के पहले भव्य नीलामी प्रक्रिया होती है। इसका भी बढ़-चढ़कर प्रचार किया जाता है और पूरी नीलामी प्रक्रिया पाँच सितारा होटल में खास साज-सज्जा के साथ होती है व उसे

टेलीविजन पर सीधा दिखाया जाता है। जिस टेलीविजन चैनल को इसके अधिकार बेचे जाते हैं वहीं आई.पी.एल. मैचों की भी प्रमुख प्रसारण कम्पनी होती है। इसे भी ऊँची कीमत पर खरीदा जाता है। आक्शन यानी नीलामी प्रक्रिया पूरी करने के लिए मैनेजर या विशेषज्ञ को अनुबन्धित किया जाता है। भाग लेने वाली टीमों के मालिक, मेंटर, एनालिस्ट, मार्केटिंग विशेषज्ञ व सहायक अपनी-अपनी टेबल पर बैठे रहते हैं। क्रिकेट कंट्रोल बोर्ड के अधिकारी व आई.पी.एल. संचालन समिति के सदस्य भी वहाँ मौजूद रहते हैं। आप इसे खिलाड़ियों की मंदी भी कह सकते हैं। जैसे फल, सब्जी या भेड़, बकरी, घोड़े जैसे जानवरों की मंडी में खरीद-फरोख्त होती है, वैसा ही यहाँ भी होता है। खिलाड़ियों का नाम लेकर उनके देश, उनकी विशेषज्ञता व उनका आधार मूल्य बताकर टीमों से उन पर बोली लगाने के लिए कहा जाता है। जो खिलाड़ी नहीं बिक पाता व जिसे कोई खरीदार नहीं मिल पाता उसका नाम लेकर उद्घोषणा की जाती है कि वह बिना बिके रह गया। चूँकि आई.पी.एल. क्रिकेट का बाजार है। अत: यहाँ खिलाड़ियों का मोल-भाव बाजार की जरूरत व उपयोगिता के आधार पर होता है। इसका खिलाड़ी के स्तर, उसकी उपलब्धि, उसके योगदान से कोई लेना-देना नहीं होता। कीमत के बढ़ने के पहले खरीदार टीम के सदस्य अपने-अपने लैपटॉप पर उसकी पूरी जन्मकुंडली निकालकर देखते हैं, आपस में विचार-विमर्श करते हैं और तब बोली बढ़ाने या न बढ़ाने के बारे में फैसला करते हैं।

खिलाड़ियों पर नीलामी में इस तरह बोली लगना यानी वे ढोर हों, मुझे बहुत आपत्तिजनक व शर्मनाक लगता है। पर ताज्जुब है, किसी खिलाड़ी ने अभी तक इस पर कोई आपत्ति नहीं की है। शायद उन्हें खुशी व सन्तोष है कि उन्हें पैसा मिल रहा है। पर सभी को तो नहीं मिल रहा। कुछ खिलाड़ियों को तो विज्ञापनों व ब्रांड एंबेसेडर बनने से

ही करोड़ों रुपये मिलते हैं। पर सभी इतने भाग्यवान नहीं हैं। अभिनेता व अभिनेत्रियों की ही तरह कुछ खिलाड़ियों को भी करोड़ों रुपये मिलते हैं। कम से कम यह उन दिनों से तो अच्छा है जब कमल भंडारकर व बसन्त रंजन जैसे खिलाड़ियों को मुफलिसी में गुजर-बसर करनी पड़ी। ठीक वैसे ही जैसे बैजू बावरा व गंगा जमुना के हीरो रहे, भारत भूषण को अन्तिम दिनों में चाल में गरीबी में जिन्दगी गुजारनी पड़ी। मार्केटिंग, प्रचार-प्रसार, वैभव व धनवर्षा के कारण आई.पी.एल. ने क्रिकेट के शेष तीनों प्रारूपों, टेस्ट क्रिकेट, एकदिवसीय मैच और टी-20 की पृष्ठभूमि में डाल दिया है। अभी तक मुम्बई इंडियंस यह स्पर्धा सर्वाधिक बार 4 बार जीत चुकी है। चेन्नई सुपर किंग्स 3 बार, कोलकाता नाइट राइडर्स 2 बार जबकि डेक्कन चार्जर्स, राजस्थान रॉयल्स व सनराइजर्स 1-1 बार स्पर्धा विजेता रहे हैं।

2008 से 2012 तक स्पर्धा का प्रायोजक था डी.एल.एफ. और प्रायोजन फीस थी 2 बिलियन यानी 29 लाख डॉलर, 2013 से 2015 तक प्रायोजक थे पेप्सी और फीस थी 34 मिलियन डॉलर जो कि 2016-17 के लिए 27 मिलियन डॉलर रही। और 2018 से 2022 तक के लिए प्रायोजक हैं विवो और फीस बढ़कर 320 मिलियन डॉलर हो गई है। यानी प्रायोजन की फीस लगातार बढ़ती रही है। जो लोगों की बढ़ती रुचि का परिचायक है। स्पर्धा में दिन-प्रतिदिन चमत्कारिक प्रगति हुई है और टेलीविजन पर क्षेत्रीय भाषाओं में प्रसारण शुरू होने से और फर्क पड़ा है। मुम्बई इंडियंस 1130 मिलियन और चेन्नई सुपर किंग्स 104 मिलियन डॉलर के साथ समर्पित महँगी फ्रेंचाइजी हैं।

आई.पी.एल. प्रसारण की कहानी भी कम रोचक नहीं है। शुरू में सोनी पिक्चर्स नेटवर्क और वर्ल्ड स्पोर्ट्स के साथ 10 वर्ष के लिए 1.03 मिलियन डॉलर का अनुबन्ध हुआ था। 20 प्रतिशत हिस्सा आई.पी.एल.

को, 8 प्रतिशत हिस्सा नकद इनाम खाते में और 72 प्रतिशत हिस्सा विभिन्न फ्रेंचाइजी के बीच बाँटा जाना था। पर 2016 में सोनी मैक्स, सोनी सिक्स और सोनी ई.एस.पी.एन. ने यह जिम्मेदारी ली और हिन्दी, बांग्ला, तमिल और तेलुगु में भी प्रसारण देना शुरू किया। साथ ही 'एक्स्ट्रा इनिंग्स' की भी शुरुआत की जो मैच के पहले शुरू होती है। नतीजतन 2016 में आई.पी.एल. स्पर्धा भारत की सबसे बड़ी क्रिकेट स्पर्धा हो गई जिसे टेलीविजन पर सीधा दिखाया जाता था। नकदी प्राप्ति भी खूब बढ़ी व 170 डॉलर हो गई। दर्शकों की संख्या में भी इजाफा हुआ। आई.पी.एल. ने प्रसारण अधिकार तीन पैकेज के रूप में तीन अलग-अलग कामों के लिए बेचे। घरू प्रसारण के लिए, घरू डिजिटल प्रसारण के लिए और अन्तर्राष्ट्रीय प्रसारण के लिए। स्टार ने सबसे ऊँची बोली लगाकर तीनों अधिकार प्राप्त किए। स्टार के मुख्य कार्यकारी अधिकारी उदयशंकर ने ठीक ही कहा था कि आई.पी.एल. एक ताकतवर व शक्तिशाली उद्योग या सम्पत्ति है और आशा व्यक्त की कि भारत में क्रिकेट की ताकत से खेलों को बढ़ावा मिलेगा। आई.पी.एल. में जो निवेश करने वालों को भारतीय क्रिकेट प्रेमियों पर व उनकी समझ पर पूरा भरोसा है। 2008 के बाद क्रिकेट, आई.पी.एल. और भारत तीनों में ही जबर्दस्त परिवर्तन हुआ है तथा 10 वर्षों में तीनों ही आश्चर्यजनक रूप से बदले हैं। धीरे-धीरे यह धारणा बन गई कि भारत में अधिकतर क्रिकेट प्रसारण के अधिकार स्टार स्पोर्ट्स के पास ही हैं। यही नहीं आई.सी.सी. स्पर्धा व भारत की घरेलू क्रिकेट स्पर्धा के प्रसारण अधिकार भी इसी को प्राप्त हैं।

स्टार स्पोर्ट्स ने आई.पी.एल. के प्रचार-प्रसार के लिए जनवरी से स्पर्धा शुरू होने तक प्रतिदिन 2 घंटे आई.पी.एल. से जुड़े कार्यक्रम दिखाना शुरू किया। विभिन्न टीमों के सम्भावित कप्तान, नए कप्तान, नए चयनकर्ता व खिलाड़ियों को लेकर माहौल बनाया जाता रहा। नीलामी के

पहले व बाद की प्रक्रिया व प्रतिक्रिया को भी प्रायोजक मिले। 'गेम प्लान' नाम से भी कार्यक्रम प्रसारित होने लगा, जिसमें क्रिकेट जानकार टीमों का मूल्यांकन, खिलाड़ियों के प्रदर्शन व परिस्थिति का विश्लेषण करते हैं। साथ ही आपके शहर में कार्यक्रम के तहत फ्रेंचाइजी के गृह नगर की बात की जाती है। स्टार ने तय किया कि क्रिकेट से जुड़े सभी मुद्दे व आई.पी.एल. को लेकर सभी सम्भावित जानकारी देकर वह क्रिकेट का वातावरण बनाने की मुहिम चलाएगा। इसी के तहत 'डगआउट' कार्यक्रम शुरू हुआ, जिसमें क्रिकेट जानकार मैच व उसके प्रसारण का मूल्यांकन व विवेचना पेश करते हैं।

स्टार का सीधा आई.पी.एल. प्रसारण वीडियो प्लेटफार्म हॉटस्टार पर भी उपलब्ध रहता है। जियो टी.वी. व एयरटेल एप पर भी मैच सीधे देखे जा सकते हैं। 2019 में 10 मिलियन दर्शकों ने आई.पी.एल. देखा और फाइनल 18.6 मिलियन दर्शकों ने देखा, जो कि एक नया कीर्तिमान था। आज 18 विभिन्न देशों में आई.पी.एल. का सीधा टेलीविजन प्रसारण होता है, जिनमें ऑस्ट्रेलिया, इंग्लैंड, कनाडा, अमेरिका, मलेशिया, अफगानिस्तान, नेपाल व हांगकांग भी सम्मिलित हैं।

आई.पी.एल. की अपनी संचालन समिति है। भारतीय क्रिकेट कंट्रोल बोर्ड के कामकाज को नियंत्रित करने के लिए उच्चतम न्यायालय ने लोढ़ा कमेटी का गठन किया, जिसने कुछ सुझाव भी दिए और अब प्रशंसकों के हटने के बाद सौरभ गांगुली ही अध्यक्ष हैं तथा वे ही सारी व्यवस्था पर नजर रखते हैं। आई.पी.एल. का कामकाज ब्रजेश पटेल देख रहे हैं।

संचालन, प्रचार-प्रसार, विज्ञापन और धन-संग्रह के लिहाज से आई.पी.एल. एक बड़ा क्रिकेट कार्निवाल है। फ्रेंचाइजी टीमें, खिलाड़ी व आयोजनकर्ता इसके माध्यम से कमाई भी करते हैं व बोर्ड को भी

काफी धन देते हैं। पर चूँकि यह टी-20 का फॉर्मेट है। इस कारण बहुत से लोग इसे पाजामा क्रिकेट कहते हैं व इसके सख्त खिलाफ हैं। यह सच है कि रफ्तार, गति, तेजी से घटते घटनाक्रम, उतार-चढ़ाव, क्षेत्र स्तर में आए सुधार, ताकत व शारीरिक क्षमता व दक्षता का ऊँचा स्तर इन सबने मिलकर खेल को जीवन्त व गतिमान बनाया है। ऑस्ट्रेलिया के पूर्व विकेटकीपर एडम गिलक्रिस्ट ने तो 2009 में काउंट्री स्मृति व्याख्यान में जोर देकर कहा था कि विश्व में खेल के प्रचार-प्रसार का टी-20 से बेहतर माध्यम कोई हो ही नहीं सकता। परन्तु ऑस्ट्रेलिया में ही पूर्व कप्तान रिकी पोंटिंग, ग्रेग चैपल, वेस्टइंडीज के पूर्व क्लाइव लायड, महान ऑलराउंडर गैरी सोबर्स व तेज गेंदबाज व कमेंटेटर माइकल होल्डिंग इसके सख्त खिलाफ हैं तथा इसे गेंदबाजों के लिए हानिकारक तथा युवाओं के लिए गम्भीर व शुद्ध क्रिकेट की बजाय हल्के-फुल्के क्रिकेट के प्रति आकर्षित होने का माध्यम मानते हैं। कुल मिलाकर यह एक सौ फीसदी मनोरंजक या तमाशा क्रिकेट है और क्रिकेट का कोकाकोला करण या ठंडाईकरण है। 17 व 19 से कम आयु वर्ग के लिए तो यह घातक ही है। यदि उनकी बुनियाद ही मजबूत नहीं होगी तो फिर वे 2, 3 या 4 अथवा 5 दिवसीय क्रिकेट खेलने के लिए तैयार कैसे हो पाएँगे। वे टी-20 विधा में ही सिमटकर रह जाएँगे। धन-प्राप्ति इतना बड़ा आकर्षण है कि वे प्रदेश या राष्ट्रीय टीम में खेलने की बजाय टी-20 खेलने को ही पहली व अन्तिम प्राथमिकता मानेंगे। नतीजतन विभिन्न देशों की टीमों का स्तर घटेगा।

पैसे का आकर्षण कितनी बड़ी चीज है कि निजी रूप से टी-20 व आई.पी.एल. की कड़ी आलोचना करने वाले विश्व के सभी देशों के पूर्व बड़े खिलाड़ी आई.पी.एल. के दौरान किसी न किसी टीम में मार्गदर्शक व सलाहकार के रूप में बैठे नजर आते हैं। विशेषकर रिकी पोंटिंग,

मुरलीधरन, फ्लेमिंग, माहेला जयवर्धने, कॅलिस, तेंदुलकर, राहुल द्रविड़, अनिल कुम्बले, सौरभ गांगुली, शेन वार्न खिलाड़ी अपनी-अपनी टीम को प्रोत्साहित करते व उन्हीं टीमों की पोशाक पहने बैठा हुआ पाएँगे। यही नहीं कुछ तो नीलामी प्रक्रिया में भी शरीक रहते हैं व आवश्यक राय देते हैं।

एक सच्चे क्रिकेट प्रेमी को भले ही परम्परावादी व शुद्ध क्रिकेट यानी टेस्ट क्रिकेट अच्छा लगे क्योंकि उसी में क्रिकेट की सारी खूबियाँ नजर आती हैं। पर झटपट या त्वरित प्राप्ति के शौकीन युवा वर्ग को तो फटाफट क्रिकेट की लप्पेबाजी ही सुहाती है। भले ही लेटकट फाइन लेग की ओर, पुल शाट थर्डमैन या कवर पॉइंट पर जाता हो। उन्हें तो बस रनों से मतलब है और वे तालियाँ ही बजाएँगे। टी-20 क्रिकेट शायद वक्त की जरूरत है। उसके अपने दर्शक हैं जैसे कि टेस्ट क्रिकेट के हैं। अब टी-20 व आई.पी.एल. इतना अधिक लोकप्रिय हो गया है व लोगों के दिलो-दिमाग में रच-बस गया है कि वह तो रहेगा ही।

आई.पी.एल. धन-वर्षा का मंच है। खिलाड़ियों की मंडी तो है ही जो उन्हें अकूत धन-प्राप्ति का अवसर भी प्रदान करता है। कौन-सा खिलाड़ी कितनी कीमत का है इसका चुनाव उसके बाजार मूल्य को देखकर तय किया जाता है। तौलने का उसका अपना मीजान है, अपनी 'स्केल' है व अपना मूल्यांकन है। उसकी क्या उपलब्धि है व अन्तर्राष्ट्रीय स्तर पर उसे किस हिसाब से व कहाँ आँका जाता है। इसमें आई.पी.एल. की चयन प्रक्रिया से कोई सम्बन्ध नहीं है। पेट कमिंस, मैक्सवेल, पीयूष चावला करोड़ों में बिकते हैं। यहाँ तक कि नवोदित खिलाड़ी यशस्वी जायसवाल भी करोड़ों में बिक जाते हैं। किन्तु पुजारा को कोई नहीं खरीदता। यह विडम्बना ही है।

धीरे-धीरे क्रिकेट की विभिन्न विधाओं में भी विशेषज्ञता नजर आने

लगी। डॉक्टर, इंजीनियर व वकील की तरह क्रिकेट के भी हर विधा के विशेषज्ञ खिलाड़ी होने लगे। टेस्ट क्रिकेट के अलावा, एकदिवसीय अन्तर्राष्ट्रीय क्रिकेट के अलग व टी-20 के अलग। डिविलयर्स व मैक्सवेल जरूर अपवाद हैं जो हर तरह के एकदिवसीय क्रिकेट के माहिर हैं। भारत के रोहित शर्मा को भी टेस्ट की बजाय एकदिवसीय और टी-20 का विशेषज्ञ माना जाता है और वे टेस्ट क्रिकेट में उतने सफल भी नहीं हुए हैं।

चूँकि आई.पी.एल. भी टी-20 की तर्ज पर ही खेला जाता है। अत: यहाँ भी बल्लेबाज की ही पौ-बारह रहती है। गेंदबाज सिर्फ 4 ओवर ही गेंदबाजी कर पाता है और वह भी यदि कप्तान चाहे तो 2-2 ओवर के स्पेल में। यानी गेंदबाज केवल 4 ओवर डालने के लिए ही टीम में रहता है। यही कारण है कि अधिकतर मैन ऑफ दी मैच का पुरस्कार बल्लेबाज को ही दिया जाता है। गेंदबाज को यह सम्मान अपवाद स्वरूप ही मिलता है।

जमाना हर विधा के छोटे 'वर्जन' यानी संस्करण का है। कविता भी 'स्लिमिंग' हो रही है और कथा-कहानी तो 'लघुकथा' का संस्करण आ ही गया है। वैसे ही टी-20 क्रिकेट का लघु संस्करण है। जल्दी समाप्त होता है, रोमांचकारी होता ही है और मनोरंजन से भरपूर होने के कारण आई.पी.एल. लोगों की पहली पसन्द बन गया है। हम भारतीय स्वभाव से जश्नप्रेमी हैं ही। आई.पी.एल. हमारे लिए जश्न मनाने, मौज-मस्ती व मिलने-जुलने का नया जरिया बन गया है। सभी बहती गंगा में हाथ धो रहे हैं और खिलाड़ियों की तो पौ-बारह है। कोहली, रोहित शर्मा, जैसे बड़े खिलाड़ी तो सेंट्रल कांट्रैक्टर के तहत बोर्ड से सालाना 7 करोड़ रुपये पाते हैं और फिर आई.पी.एल. में महीने के 20 से 25 दिन खेलने के करोड़ों अलग प्राप्त करते हैं।

अभी तक मुम्बई इंडियंस सबसे सफल टीम रही है, किन्तु सबसे ज्यादा बड़े खिलाड़ियों से लैस रॉयल चैलेंजर्स, बेंगलुरु सर्वाधिक असफल टीमों की सूची में है। बड़े खिलाड़ियों से टीम बड़ी नहीं बनती, बल्कि अच्छा खेलने से व मिलजुल कर तालमेल रखने से टीम बड़ी बनती है। राजस्थान रॉयल्स, डेक्कन चार्जर्स, हैदराबाद इसकी अपेक्षा अधिक सफल रही। कोलकाता नाइट राइडर्स व चेन्नई सुपर किंग्स भी सफल टीमों में रहीं। शेन वाटसन, एडम गिलक्रिस्ट, सुनील नरेन, ग्लेन मैक्सवेल, आंद्रे रसेल, सचिन तेंदुलकर, विराट कोहली व बेन स्ट्रोक्स उन खिलाड़ियों में हैं, जिन्होंने अपने प्रदर्शन से आई.पी.एल. में इतिहास बनाया। भले ही शेन वार्न इन कामयाब खिलाड़ियों में शरीक न हों किन्तु सभी जानते हैं कि उनकी चतुर कप्तानी में राजस्थान रॉयल्स ने सभी का ध्यान आकर्षित किया। 2019 का आई.पी.एल. मुम्बई इंडियंस ने चेन्नई सुपर किंग्स को रोमांचक मुकाबले में 1 रन से हराया था। मैच हैदराबाद के राजीव गांधी अन्तर्राष्ट्रीय स्टेडियम में खेला गया था। शेन वाटसन, तेंदुलकर, कोहली की तो अन्तर्राष्ट्रीय उपलब्धियाँ सभी को पता हैं और ये दोनों बड़े खिलाड़ी रहे। किन्तु नरेन और रसेल को आई.पी.एल. में क्रमशः 5 बार 3 और 2 बार मैन ऑफ दी मैच का खिताब मिला किन्तु वास्तव में ये दोनों कभी अपनी राष्ट्रीय टीम वेस्टइंडीज के नियमित सदस्य ही नहीं रहे।

2012 के पटौदी स्मृति व्याख्यान में इमरान ने बहुत बढ़िया बात कही। उन्होंने कहा कि टी-20 क्रिकेट उन देशों में खेले जाने के लिए हैं जो क्रिकेट देश नहीं हैं और वहाँ इस प्रारूप में क्रिकेट से खेल को दर्शकों में लोकप्रिय बनाया जा सकता है। पर यदि क्रिकेट देश ही टी-20 क्रिकेट को बढ़ावा देंगे तो दर्शक भले ही उमड़ें, क्रिकेट की तकनीक, स्वभाव व स्तर का तो नुकसान ही होगा। उन्होंने स्वीकार किया कि

अपने 20 वर्ष के टेस्ट जीवन में उन्होंने जितना पैसा नहीं कमाया उससे ज्यादा एक औसत बल्कि पारिया दर्जे का क्रिकेट खिलाड़ी टी-20 खेल में कमा लेता है। क्रिकेट की कीमत पर पैसा कमाना औचित्यपूर्ण है? जिन्होंने कभी क्रिकेट नहीं देखा उनके लिए तो टी-20 ठीक हैं पर टेस्ट राष्ट्र इस विधा पर जोर दें। यह हास्यास्पद व दुर्भाग्यपूर्ण है।

टेस्ट, एकदिवसीय अन्तर्राष्ट्रीय व टी-20 के मशहूर खिलाड़ी

इंग्लैंड में क्रिकेट एक ग्रामीण खेल के रूप में शुरू हुआ। पर करीब सवा चार सौ साल पहले शुरू हुए इस खेल का पहला क्रिकेट टेस्ट 1876-77 में ऑस्ट्रेलिया व इंग्लैंड के बीच खेला गया। खिलाड़ी की श्रेष्ठता, स्तर तथा कौशल का पैमाना टेस्ट क्रिकेट को ही माना जाता है। इंग्लैंड में जैक हॉब्स, सटक्लिफ, हेमंड, हटन, पीटर में, काउड्री, ट्रूमेन, स्टेथम, एट्रिच, फ्रेंक वुली, कॉम्पटन, बेडसर, बॉब विलिस, लेकर, लॉक, इलिंगवर्थ, गूच, गॉवर, बॉथम, एंडरसन, रूट व बेन स्टोक इसके विख्यात टेस्ट खिलाड़ी हैं। भारतीय मूल के रणजीत सिंह जी व दुलीप सिंह भी ऑस्ट्रेलिया के खिलाफ इंग्लैंड के लिए टेस्ट क्रिकेट खेले। जार्डिन ने बॉडी लाइन योजना तैयार करके ब्रेडमेन को रन बनाने से रोकना चाहा, पर वे बल्लेबाज के शरीर को निशाना बनाने के लिए गेंदबाजी करने के कारण विवादास्पद बने व आलोचना के शिकार हुए। ट्रूमेन टेस्ट क्रिकेट में 300 विकेट लेने वाले विश्व के पहले गेंदबाज थे और बॉयकॉट के नाम पर कभी सर्वाधिक टेस्ट रनों का रिकॉर्ड था। डेनिस कॉम्पटन को उनकी बल्लेबाजी की आकर्षक शैली के लिए

विश्वभर में जाना जाता था। दूसरे विश्वयुद्ध के दौरान सेना में पदस्थ होने की वजह से उन्हें इन्दौर के पास महू में रहना पड़ा था और इस आधार पर वे होल्कर टीम के लिए मुम्बई के खिलाफ रणजी ट्रॉफी फाइनल में भी खेले थे और उन्होंने पहली पारी में दोहरा शतक लगाया था। बोथम को कपिलदेव, इमरान खान और रिचर्ड हेडली के साथ विश्व के चार श्रेष्ठ ऑल राउंडर्स में शामिल किया जाता था। 80 के दशक में उनका तहलका रहा। एकदिवसीय क्रिकेट में इंग्लैंड व ऑस्ट्रेलिया ही प्रमुख व ताकतवर राष्ट्र रहे और उनकी धूम भी रही। काउंटी क्रिकेट इंग्लैंड के क्रिकेट की बुनियाद रही और यही कारण है कि काउंटी क्रिकेट में मँजने के बाद उच्चस्तरीय क्रिकेट खिलाड़ी राष्ट्रीय टीम में स्थान पाने के लिए प्रतिस्पर्धा करना सीखे और टेस्ट स्तर की ऊँचाइयाँ प्राप्त कर पाए।

ऑस्ट्रेलिया में क्रिकेट की शुरुआत कब हुई, यह बता पाना भी उतना ही मुश्किल है जितना यह बता पाना कि इंग्लैंड में क्रिकेट की शुरुआत कब से हुई। यह जरूर है कि ऑस्ट्रेलियाई क्रिकेट को इंग्लैंड के क्रिकेट का विकसित स्वरूप ही माना जाना चाहिए। दरअसल यह इंग्लैंड के क्रिकेट का विकास ही है। इंग्लैंड की घास व ऑस्ट्रेलिया की घास में फर्क है। अतः ऑस्ट्रेलियाई क्रिकेट को 'मीडो गेम' के रूप में तो ले ही नहीं सकते थे। अतः खेल के जरूरी संसाधन यहाँ शहरों में ही जुटाए गए। 'सिंथेटिक टर्फ' यानी नकली टर्फ उसी कोशिश का नमूना है। ऑस्ट्रेलियाई स्वभाव से ही चुनौती पसन्द रहे हैं। वहाँ पहले जिला क्रिकेट संघ, फिर राज्य क्रिकेट संघ और तत्पश्चात् ऑस्ट्रेलियाई क्रिकेट संघ की स्थापना हुई।

ऑस्ट्रेलियाई खिलाड़ी सीखने व प्रतिस्पर्धा करने का बेसब्री से इन्तजार कर रहे थे। इंग्लैंड के कोच चार्ल लुइस व विलियम केफिन की मदद से ऑस्ट्रेलियाई खिलाड़ियों से खेल स्तर में जबरदस्त सुधार

हुआ। 1905 में ए.बी.सी. यानी ऑस्ट्रेलियाई बोर्ड ऑफ क्रिकेट की स्थापना हुई। ऑस्ट्रेलियाई दर्शक बड़े उत्साह व उन्मत्त से ओतप्रोत होकर क्रिकेट देखते हैं व इस मामले में केवल वेस्टइंडीज के दर्शक ही उनकी बराबरी कर सकते हैं। 1890 के दशक में ही ऑस्ट्रेलिया में क्रिकेट एक आकर्षक खेल के रूप में स्थापित हो गया था। शुरुआती दौर में न्यू साउथ वेल्स के ग्रेगरी, नोबल, क्राफोर्ड ट्रम्पर, विक्टोरिया के पोंसफोर्ड ने आर्मस्ट्रांग और साउथ ऑस्ट्रेलिया के गिफेन और क्लेम हिल का जलवा था। ट्रम्पर लाजवाब बल्लेबाज थे परन्तु 37 वर्ष की अल्प आयु में ही उनका निधन हो गया। 1920 में ऑस्ट्रेलिया विश्व क्रिकेट का सिरमौर था। ब्रेडमेन के पहले तीस के दशक में पोंसफोर्ड को रनों की भूख के कारण जाना जाता था।

ऑस्ट्रेलियाई क्रिकेट को स्वाभिमान, गौरव व अन्तर्राष्ट्रीय सम्मान दिलाने में डॉन ब्रेडमेन का महत्त्वपूर्ण योगदान रहा। अपने जीवट, साहस व प्रदर्शन की निरंतरता के कारण उन्हें ऑस्ट्रेलिया ही नहीं, समूचे क्रिकेट जगत का सार्वकालिक महान बल्लेबाज माना जाता है। अपनी असफलता से ही उन्होंने सफल होने का राज सीखा व एक गलती को कभी नहीं दोहराया। 99.96 का टेस्ट औसत उनकी महानता का प्रमाण है। कलाई मोड़कर लेग ब्रेक व बोसांक्वेट द्वारा ईजाद की गई गुगली तथा तेज रफ्तार की फ्लिपर। ऑस्ट्रेलिया में एच. की हार्डेन ने इसकी शुरुआत की। पर ग्रिमेट व ओ रेली ने इस तरह की स्पिन गेंदबाजी को ऊँचाइयाँ दी। 1932-33 में ब्रेडमेन को रन बनाने से रोकने के लिए जार्डिन ने लारवुड से बल्लेबाजों के शरीर को निशाना बनाकर गेंदबाजी करने व 5 क्षेत्ररक्षक ऑनसाइड पर तैनात करने की योजना बनाई। बल्लेबाज घायल हुए, इस तरह की 'बॉडी लाइन' गेंदबाजी की आलोचना भी हुई। पर ब्रेडमेन और उभरकर सामने आए। ऑस्ट्रेलियाई क्रिकेट का

ग्राफ दूसरे विश्वयुद्ध के बाद भी उतना ही ऊँचा बना रहा, जितना कि वह पहले विश्वयुद्ध के बाद रहा था। मेलबोर्न क्रिकेट ग्राउंड विश्व का सबसे बड़ा क्रिकेट स्टेडियम है। 1960-61 के ऐतिहासिक 'टाई' टेस्ट में ऑस्ट्रेलिया-वेस्टइंडीज का मुकाबला देखने 90 हजार दर्शक जमा हुए थे। कालांतर में रिची बेनो, कीथ मिलर व एलन डेविडसन जैसे विश्वस्तरीय ऑल राउंडर, नील हार्वे जैसे उलटे हाथ के आकर्षक शैली के बल्लेबाज, रे लिंडवाल, डेनिस लिली, ज्यॉफ थामसन व मेग्रा जैसे तेज गेंदबाज व शेनवॉर्न जैसे विश्व के श्रेष्ठ लेग स्पिनर, स्टीव वॉ, पोंटिंग व स्टीव स्मिथ जैसे विख्यात बल्लेबाज उभरकर सामने आए। 1970 के बाद से क्रिकेट की लोकप्रियता को देखकर अनेक व्यावसायिक घराने व कम्पनियाँ आगे आईं व वे प्रायोजन के लिए पहल करने लगीं। कैरी पैकर ने 1975-76 में अपने टेलीविजन चैनल नं. 9 के लिए सुपर क्रिकेट श्रृंखला आयोजित की। जब उन्हें स्थापित क्रिकेट मैदान नहीं मिले तो अपने हेलीकॉप्टर पर ऑस्ट्रो टर्फ ले जाकर अन्य मैदानों पर खिलाड़ियों को खिलाया। वे भारत को छोड़कर विश्व के सभी देशों के खिलाड़ियों से अनुबन्ध करने में कामयाब हुए क्योंकि उन्होंने मोटी रकम की पेशकश की। इससे समूचे क्रिकेट जगत की गतिविधियाँ अस्त-व्यस्त हो गईं, पर वे दूसरी बार आयोजन नहीं कर पाए। ऐसे निजी प्रयास सम्बन्धित क्रिकेट बोर्ड के सहयोग के बिना सफल नहीं हो सकते। खिलाड़ियों को पैसा तो खूब मिलने लगा, किन्तु नए खिलाड़ियों को टीम में लेने से ऑस्ट्रेलिया के खेल स्तर पर विपरीत प्रभाव पड़ा। कैरी पैकर टेलीविजन पर एकाधिकार पाने में अवश्य सफल हो गए। शेफील्ड शील्ड ऑस्ट्रेलिया की प्रमुख लीग क्रिकेट स्पर्धा रही है। इंग्लैंड व ऑस्ट्रेलिया में एकाधिकार को बाद में 1980 के बाद दक्षिण अफ्रीका व वेस्टइंडीज ने तोड़ा।

ऑस्ट्रेलिया पहला क्रिकेट राष्ट्र था, जिसने टेस्ट व एकदिवसीय क्रिकेट के लिए अलग-अलग टीमें चुनने का प्रयोग शुरू किया। आस्ट्रेलिया में ही इनडोर क्रिकेट की शुरुआत हुई और ऑस्ट्रेलिया व दक्षिण अफ्रीका की टीमों ने मैदान पर स्पर्धा करने की बजाय इनडोर स्टेडियम में अन्तर्राष्ट्रीय मुकाबला खेला।

क्रिकेट में उतार-चढ़ाव तो सतत प्रक्रिया है। हेडन, गिलक्रिस्ट, शेन वार्न व मेग्रा के संन्यास लेने के बाद ऑस्ट्रेलियाई टीम पहले जैसी ताकतवर नहीं रही और न्यूजीलैंड से भी हारने लगी।

दक्षिण अफ्रीका में क्रिकेट की शुरुआत अंग्रेज सैनिकों की वजह से हुई। क्रिकेट को ब्रिटिश नाविकों व सैनिकों ने ही दुनिया भर में फैलाया। 1840 के दशक में दक्षिण अफ्रीका में विभिन्न क्रिकेट क्लबों की स्थापना हुई। पोर्ट एलिजाबेथ क्रिकेट क्लब 1843 में बना और इसके 46 साल बाद यहीं दक्षिण अफ्रीका ने अपना पहला टेस्ट खेला। 1880 व 1891 के बीच दक्षिण अफ्रीका में क्रिकेट स्पर्धाएँ शुरू हुईं। स्कूल व कॉलेज स्तर पर भी क्रिकेट खेला जाने लगा। दक्षिण अफ्रीकी खिलाड़ी इंग्लैंड के खिलाफ खेलने के लिए बेताब थे। शुरुआत प्रथम श्रेणी क्रिकेट से हुई और एक औसत दर्जे की काउंटी स्तर की टीम दक्षिण अफ्रीका के दौरे पर आई। इसके बाद दक्षिण अफ्रीका में करी कप क्रिकेट की शुरुआत हुई। 1891-92 में सरे की टीम दक्षिण अफ्रीका आई। 1895-96 व 1898-99 से लॉर्ड हॉक के नेतृत्व में इंग्लैंड की टीम दक्षिण अफ्रीका आई। 1902-03 में पहली ऑस्ट्रेलियाई टीम दक्षिण अफ्रीका आई। 1905-06 में जब दक्षिण अफ्रीका आई तो यह एम.सी.सी. का पहला अधिकृत दौरा था। इस शृंखला में दक्षिण अफ्रीका ने 4 टेस्ट जीते व एक में वह पराजित हुई। 1907 में दक्षिण अफ्रीका ने इंग्लैंड का दौरा किया और उसने 31 में से 17 प्रथम श्रेणी मैच जीते और इंग्लैंड ने 1 टेस्ट जीता व

2 ड्रा रहे। 1926 के बाद ही दक्षिण अफ्रीका में 'टर्फ' विकेट पर खेलने की शुरुआत हुई। वरना वे अभी तक मैटिंग विकेट पर ही खेलते रहे थे। 1956-57 तक दक्षिण अफ्रीका 4 साल में 22 टेस्ट खेलकर 11 जीत चुकी थी। इंग्लैंड का 1960 का दक्षिण अफ्रीका का दौरा शायद किसी भी देश का सर्वाधिक विवादास्पद दौरा था। 21 वर्षीय ग्रिफिन के विवादास्पद गेंदबाजी एक्शन के कारण उन्हें 11 बार 'चकिंग' का दोषी पाया गया व 'नो' बॉल भी गई। पर फिर भी वे हैट्रिक लेने में सफल रहे। 1964-65 के बाद दक्षिण अफ्रीका ने लगातार तरक्की की व अपने यहाँ दौरे पर आई ऑस्ट्रेलियाई टीम को 4-0 से पराजित किया। 1970 में दक्षिण अफ्रीका जिनके अद्वितीय प्रतिभावान खिलाड़ियों ने अन्तरर्राष्ट्रीय खेल जीवन की शुरुआत की, वे थे माइक प्रॉक्टर व बैरी रिचड्र्स। 1968-69 में इंग्लैंड का दक्षिण अफ्रीका का दौरा तय था लेकिन बेसिल डी'ओलिवेरा का वहाँ विरोध हुआ व दौरा रद्द कर दिया गया। 1970 का दक्षिण अफ्रीका का इंग्लैंड दौरा भी रद्द हो गया। 1968 में ही इंग्लैंड ने दक्षिण अफ्रीकी खिलाड़ियों के काउंटी क्रिकेट में खेलने पर प्रतिबन्ध लगा दिया। अपनी रंगभेद विरोधी नीति के कारण दक्षिण अफ्रीका क्रिकेट बिरादरी में अलग-थलग पड़ गया। 1977 में दक्षिण अफ्रीकी क्रिकेट यूनियन की स्थापना हुई। 1978 में माना गया कि दक्षिण अफ्रीका ने टेस्ट क्रिकेट में वापसी की सभी शर्तें पूरी कर ली हैं। टेस्ट बिरादरी से 22 साल तक बाहर रहने के बाद 1992 में उसकी टेस्ट बिरादरी में वापसी हुई। निलम्बन के दौरान बैरी रिचड्र्स, माइक प्रोक्टर, पोलाक, एंडी बार्लो व क्लाइव राइस जैसे विश्वस्तरीय खिलाड़ियों को टेस्ट क्रिकेट खेलने का मौका ही नहीं मिला। यह खिलाड़ियों की निजी क्षति तो थी ही, क्रिकेट की भी क्षति थी। 1992 के बाद हंसी क्रोनिए, जैक कैलिस, जोंटी रोड्स, एलन डोनाल्ड, शॉन पोलाक व ए.बी. डिविलियर्स उसके प्रमुख खिलाड़ी रहे।

दुर्भाग्यवश 2000 में मैच फिक्सिंग में हंसी क्रोनिए का नाम चर्चित हुआ और वे दुनिया के एकमात्र ऐसे खिलाड़ी थे जिन्होंने अपना जुर्म कबूल लिया और हेलीकॉप्टर दुर्घटना में उनकी असामयिक मृत्यु हो गई। कुल मिलाकर दक्षिण अफ्रीका की छवि 'चोकर्स' यानी दबाव में बिखर जाने व हथियार डाल देने की ही रही है। उसमें जुझारूपन का अभाव बना रहा है। वह अच्छे खिलाड़ियों से लैस एक कमजोर टीम ही साबित हुई है।

न्यूजीलैंड में क्रिकेट करीब 160 वर्षों से खेला जाता रहा है और उसे करीब 110 वर्ष टेस्ट दर्जा प्राप्त करने की कोशिशों में लगे। 1980 तक वह 136 टेस्ट खेल चुका था। टेस्ट दर्जा मिलने के तीन साल बाद ही उसने वेस्टइंडीज को हराकर अपनी पहली टेस्ट विजय प्राप्त की। 1974 में क्राइस्टचर्च में और 1978 में ऑस्ट्रेलिया व इंग्लैंड को हराकर न्यूजीलैंड ने अपनी क्रिकेट शक्ति का अहसास करवाया। 1979 के प्रूडेंशियल विश्वकप में वह सेमीफाइनल तक पहुँचा था।

उसने क्रिकेट जगत को कुछ बेहतरीन विश्वस्तरीय खिलाड़ी दिए। महान ऑलराउंडर रिचर्ड हेडली, टर्नर, कांगडन, हावर्थ, मार्टिन क्रो, फ्लेमिंग, टी.सी. लारी, सरक्लिफ, जॉन रीड जिनका एक पारी में 15 छक्कों का विश्व कीर्तिमान आज भी बरकरार है, डब्ल्यू.ई. मैरिट, बार्टले, क्रिस क्रेन्स, रॉस टेलर इसके कुछ महान खिलाड़ी रहे। किन्तु शायद वहाँ प्रतिभा का कहीं उपयोग नहीं हो पाया। अच्छे व स्तरीय खिलाड़ियों के होते हुए भी वह एक ताकतवर क्रिकेट राष्ट्र नहीं बन पाया। न्यूजीलैंड के पड़ोसी देश ऑस्ट्रेलिया का रुख सहयोगपूर्ण नहीं रहा। यही वजह है कि न्यूजीलैंड को अन्तर्राष्ट्रीय क्रिकेट खेलने के कम अवसर मिले। 1956 में न्यूजीलैंड के हाथों वेस्टइंडीज की पराजय क्रिकेट इतिहास की प्रेरणास्पद घटना रही। 1974 में उसने ऑस्ट्रेलिया को पराजित किया। इस टेस्ट में टर्नर ने पहली पारी में 101 व दूसरी पारी में 110 रन बनाए।

इसी टेस्ट में ऑस्ट्रेलिया के कप्तान इयान चैपल ने टर्नर के साथ विकेट पर ही जो गाली-गलौज की, उसकी ऑस्ट्रेलिया के पूर्व टेस्ट क्रिकेटर व महान समीक्षक जैक फिंगलटन ने भी तीखी आलोचना की थी। वर्तमान में विलियमसन व रॉस टेलर उसके सर्वाधिक विख्यात व उपलब्धियों वाले खिलाड़ी हैं। 2019 के विश्वकप फाइनल में तकनीकी आधार पर न्यूजीलैंड भले इंग्लैंड से पराजित हुआ, किन्तु क्रिकेट प्रेमियों की नजर में वही विश्वकप विजेता रहा। अफसोस इसी बात का है कि उन्हें अन्य क्रिकेट राष्ट्रों की अपेक्षा कम मैच मिल पाते हैं। उनके विदेशी दौरे भी कम होते हैं और विदेशी टीमें भी वहाँ कम आती हैं। वहाँ के युवा भी क्रिकेट से नहीं जुड़ पा रहे हैं। जब देश की टीम अच्छा खेले व मशहूर हो तभी युवा वर्ग खेल से जुड़ता है। इसकी! कमी साफ नजर आती है। रग्बी और फुटबॉल के प्रति वहाँ अधिक आकर्षण है।

वेस्टइंडीज कोई देश नहीं है। विभिन्न द्वीप समूह वेस्टइंडीज के नाम से क्रिकेट खेलते हैं। बारबडोज जो कि वॉरेल, वीक्स, वॉलकाट, गैरी सोबर्स, वेस हॉल, गार्नर, क्राफ्ट व मार्शल का गृहनगर है। ब्रिटिश गयाना है। क्लाइव लॉयड यहीं के थे। एंटीगुआ, सेंट लुसिया व सेंट विसेंट है जो बहुत छोटे हैं और विवियन रिचर्ड्स यहीं के थे। त्रिनिदाद है, जहाँ के ब्रायन लारा थे। जमैका है जहाँ के वेलेंटाइन, कॉली-स्मिथ, माइकल होल्डिंग व एक समय 519 टेस्ट विकेट लेकर विश्व में सर्वाधिक टेस्ट विकेट लेने वाले कोर्टनी वाल्श भी यहीं के थे। कुल मिलाकर 4 द्वीप ब्रिटिश गयाना, बारबाडोज, त्रिनिडाड और जमैका उसके प्रमुख क्रिकेट केन्द्र हैं। ये चारों एक-दूसरे से काफी दूर हैं व आवागमन आसान नहीं है। या तो जलमार्ग से जाया जा सकता है या फिर वायुमार्ग से और सभी जगह इतनी गरीबी है कि चन्द सौभाग्यशाली लोग ही यात्रा कर पाते हैं। जाने के लिए अधिक धन भी चाहिए व पासपोर्ट व वीजा भी लेना होगा।

एक द्वीप वासी को पता ही नहीं हो पाता कि अन्य द्वीपों में क्या हो रहा है। फिर भी यहाँ के खिलाड़ी वेस्टइंडीज की टीम नाम से एक टीम बनाकर ताकतवर से ताकतवर देश को हराते आए हैं व अपनी आकर्षक खेल शैली के कारण दुनियाभर में लोकप्रिय हैं।

अश्वेत खिलाड़ियों को खेलने के कम ही मौके मिलते थे। एक बार जब टीम इंग्लैंड जा रही थी तो विख्यात बल्लेबाज लैरी कांस्टनटाइन बाजार में टहल रहे थे। जब उनसे पूछा गया कि वे क्यों नहीं जा रहे तो उन्होंने कहा था कि वे जाने का खर्च नहीं उठा सकते। उनके लिए ताबड़तोड़ धन संग्रह किया गया और एम.सी.सी. के खिलाफ लॉड्र्स पर खेलकर शतक बनाने वाले कांस्टनटाइन पहले वेस्टइंडीयन बल्लेबाज बने। वेस्टइंडीज 1923 में चर्चित तो हुई परन्तु उसे टेस्ट दर्जा 1928 में मिला। 1935 में वेस्टइंडीज के खिलाड़ी परिपक्व हो पाए। जॉर्ज हेडली मैच दर मैच निखर रहे थे। 1939 में उन्होंने इंग्लैंड के खिलाफ दोनों पारियों मे शतक बनाया। वहाँ भी नई नस्ल ने खुद ब खुद खेलकर अपना खेल स्तर विकसित किया व खेल को गरिमा प्रदान की। इसका सही मूल्यांकन 1950 में ही हो पाया। पचास के दशक में वॉरेल, वीक्स, वॉलकॉट व रामाधीन का खेल उभरकर सामने आया और इन चारों ने विश्वस्तरीय ख्याति अर्जित की। वे फ्रेंक वॉरेल ही थे जिन्होंने अपनी टीम को खेल भावना से खेलते हुए भी एक ताकतवर व विजेता टीम के रूप में स्थापित किया। 1960 का वेस्टइंडीज व ऑस्ट्रेलिया के बीच हुआ टेस्ट क्रिकेट का पहला 'टाई' टेस्ट उनकी खेल भावना का ज्वलंत प्रमाण है। एक आकर्षक बल्लेबाज, मध्यम गति व फिर धीमी गति से, उलटे हाथ से गेंदबाजी करने वाले गेंदबाज और आदर्श कप्तान व अपने चरित्र से खेल को नई ऊँचाइयाँ देने वाले खिलाड़ी के रूप में उन्हें क्रिकेट जगत में आदर के साथ याद किया जाता है। कॉली स्मिथ

एक प्रतिभाशाली व विश्वस्तरीय ऑलराउंडर थे लेकिन लंकाशायर लीग के दौरान एक मोटर दुर्घटना में उनकी असामयिक मृत्यु हो गई। गैरी सोबर्स विश्व के श्रेष्ठ ऑलराउंडर रहे और उन्हें सम्पूर्ण क्रिकेटर के रूप में सभी ने स्वीकार किया। कन्हाई विश्वस्तरीय बल्लेबाज थे और बेहद आक्रामक शैली से खेलते थे। राष्ट्रमंडल का कोई भी देश इतने व इतने अच्छे खिलाड़ी तैयार नहीं कर सका जितने वेस्टइंडीज ने किए। उन्हें इंग्लैंड में लंकाशायर लीग खेलने का लाभ भी मिला और वे वहाँ लोकप्रिय व उपयोगी भी रहे।

वॉरेल के बाद सोबर्स को कप्तान बनाया गया और उन्होंने सत्तर के पूर्वार्ध तक कप्तानी की। पर वॉरेल जैसी उपलब्धियों के लिए वेस्टइंडीज को लम्बा इंतजार करना पड़ा। युवा क्लाइव लायड के कप्तान बनने के बाद वेस्टइंडीज की सफलता का ग्राफ बढ़ा। उन्हीं की कप्तानी में वेस्टइंडीज ने 1975 व 1979 का प्रूडेंशियल विश्व कप जीता। लॉयड ने तेज गेंदबाजी को अपना हथियार बनाया। गार्नर, क्राफ्ट, होल्डिंग, रॉबर्ट्स, मार्शल, किंग जैसे तूफानी गति के गेंदबाज उनकी टीम में थे। वे 4 तो कभी 5 तेज गेंदबाजों को टीम में खिलाते थे जिसके कारण वे रुक-रुक कर व विश्राम ले-लेकर गेंदबाजी करते रहते थे और प्रतिस्पर्धी टीम के बल्लेबाजों को विश्राम ही नहीं मिल पाता था। बल्लेबाजी की बागडोर फ्रेडरिक्स, हैंस, रिचर्ड्स व खुद लॉयड के कंधों पर रही। कई बार तो उनकी टीम को दूसरी बार बल्लेबाजी का मौका ही नहीं मिला, क्योंकि पहली पारी में स्कोर के भीतर ही उनके गेंदबाज प्रतिस्पर्धी बल्लेबाजों को दो बार आउट कर देते थे। 1980-90 के बीच उसने 79 टेस्ट खेले जिनमें से 45 जीते और सिर्फ 9 हारे जबकि 25 टेस्ट 'ड्रा' रहे। 1983 के विश्वकप में उसे भारत ने पराजित किया। निजी उपलब्धियों में लारा का एक टेस्ट पारी में 400 नाबाद रन और प्रथम श्रेणी क्रिकेट में एक

पारी में नाबाद 501 रनों का कीर्तिमान 1994 में बना जो कि आज भी कायम है। कोर्टनी वाल्श 500 टेस्ट विकेट लेने वाले विश्व के पहले व 519 विकेट लेकर सर्वाधिक टेस्ट विकेट लेने वाले गेंदबाज बने। आज मुरलीधरन 800 व शेन वार्न 700 टेस्ट विकेट व अनिल कुंबले 600 विकेट लेकर ही आगे पहुँचे हैं।

वर्तमान में वेस्टइंडीज का खेल स्तर वैसा नहीं रहा जैसा गोडार्ड, वॉरेल और लॉयड के समय था। न तो पहले जैसे आक्रामक व तूफानी गति के तेज गेंदबाज हैं और न ही धुरंधर बल्लेबाज। वहाँ के युवा अब क्रिकेट की बजाय बॉस्केटबॉल, रग्बी, फुटबॉल और बॉक्सिंग की तरफ आकर्षित हो रहे हैं। नतीजतन वेस्टइंडीज अफगानिस्तान जैसे देश से भी हार चुकी है।

अमेरिका के लोग जितना आश्चर्य इंग्लैंड के लोगों के क्रिकेट प्रेम पर करते हैं, उतनी ही हैरानी उन्हें भारतीय लोगों के क्रिकेट जुनून पर होती है। जिस मैच में भारतीय टीम नहीं भी खेल रही हो, उसे देखने भी कोलकाता के ईडन गार्डन्स पर 90000 से एक लाख दर्शक तक इकट्ठा हो जाते हैं। जो क्रिकेट देखते व उसकी बारीकियों को समझते हैं कि इस खेल में कितना आकर्षण व आनन्द है। जिस तरह ब्राजील में फुटबॉल व फुटबॉल के खिलाड़ियों को पूजा व सराहा जाता है, उसी तरह भारतीय क्रिकेट व क्रिकेट खिलाड़ियों को पूजा व सराहा जाता है।

भारत में क्रिकेट की शुरुआत 1721 की बताई जाती है। 19वीं सदी के अन्त तक भारत में प्रतिस्पर्धात्मक क्रिकेट की शुरुआत हो चुकी थी। भारत में क्रिकेट को फैलाने का काम रणजीतसिंह जी ने किया। राजकोट से क्रिकेट खेलना शुरू करके वे कैम्ब्रिज पहुँचे। अपनी अलौकिक प्रतिभा के कारण इंग्लैंड के लिए ऑस्ट्रेलिया के खिलाफ भी खेले और 1886 में मेनचेस्टर टेस्ट में उन्होंने नाबाद 154 रन बनाकर सभी का ध्यान खींचा।

उनके अलावा कोई और भारतीय राजकुमारों ने इंग्लैंड की टीम में अपनी जगह बनाई और वे थे रणजीतसिंह के भतीजे दुलीप सिंह और टाइगर पटौदी के पिता इफ्तिखार अली खान पटौदी। दोनों ही इंग्लैंड में पढ़े और रहे तथा इंग्लैंड की टीम में भी चुने गए। 1926-27 में गिलिगन की टीम के खिलाफ कर्नल सी. के. नायडू की धुआँधार बल्लेबाजी द्वारा बनाए गए 153 रन और प्रो. देवधर, निसार व अमरसिंह के खेल को देखकर लग ही गया था कि भारत को टेस्ट दर्जा जल्द ही मिलेगा। 1932 में उसे टेस्ट दर्जा मिला और लॉर्ड्स पर भारत ने कर्नल नायडू की कप्तानी में पहला टेस्ट खेला। तब कर्नल नायडू की उम्र 37 की हो गई थी।

भारत ने पारसी और यूरोपियंस के बीच सालाना स्पर्धा 1907 में हिन्दुओं की टीम में जुड़ जाने से त्रिकोणी व 1912 में मुसलमानों की टीम के भी शरीक होने से चतुष्कोणी हुई और 1937 में रेस्ट यानी शेष एकादश के भी शामिल हो जाने से पंचकोणी हो गई। इसे मुम्बई स्पर्धा के नाम से भी जाना जाता है क्योंकि ये स्पर्धाएँ मुम्बई में ही होती थीं। कर्नल नायडू, प्रो. देवधर, मोहम्मद निसार, अमरसिंह अमरनाथ, विजय मर्चेंट, मुश्ताक अली, विजय हजारे, लाला अमरनाथ इन्हीं स्पर्धाओं की देन थे जो भारत के लिए टेस्ट क्रिकेट भी खेले। शुरुआत में तो अंग्रेजों की सोहबत पाने के लालच में क्रिकेट सिर्फ राजा-महाराजा व नवाबों का ही खेल रहा। पर बाद में आमजन भी जुड़ते गए। 1934 में भारतीय क्रिकेट कंट्रोल बोर्ड ने प्रथम श्रेणी स्तर की रणजी ट्रॉफी स्पर्धा तत्पश्चात् युवाओं को क्रिकेट से जोड़ने के लिए अन्तर्विश्वविद्यालयीन स्पर्धा शुरू की।

भारत ने 1961-62 में पहली बार इंग्लैंड को 2-0 से पराजित कर टेस्ट श्रृंखला जीती। सलीम दुर्रानी व चन्दू बोर्डे के रूप में भारत के दो बेहतरीन ऑलराउंडर्स सामने आए। 1961-62 में टाइगर पटौदी कनिष्ठ

होने के बावजूद भारत के कप्तान बने और 1969 तक कप्तान बने रहे। न्यूजीलैंड एकमात्र ऐसी टीम थी जिसके खिलाफ वे पूरी श्रृंखला जीते। अजीत वाड़ेकर 1971 में वेस्टइंडीज व फिर इंग्लैंड को पराजित करने वाली भारतीय टीम के कप्तान थे, जिन्हें लोग एक काबिल कप्तान की बजाय भाग्यवान कप्तान ही मानते हैं। सुनील गावस्कर एक नए सितारे के रूप में उभरे। सुभाष गुप्ते, वीनू मांकड़, प्रसन्ना, चन्द्रशेखर वेंकटराघवन, सलीम दुर्रानी और बिशनसिंह बेदी की स्पिन गेंदबाजी का तहलका समूचे क्रिकेट जगत में मचा रहा। पर निसार व अमरसिंह के बाद भारत को तेज गेंदबाज लम्बी प्रतीक्षा के बाद मिल पाया। 1975 व 1979 के विश्वकप में भारत ने भाग तो लिया किन्तु उसका प्रदर्शन निराशाजनक रहा। लेकिन कपिल देव के रूप में उसे न केवल एक विश्वस्तरीय तेज गेंदबाज मिला बल्कि ऐसा ऑलराउंडर कप्तान भी मिला जिसके नेतृत्व में भारत ने 1983 का विश्वकप जीतकर सभी को चौंका दिया। मोहिंदर अमरनाथ, मदनलाल और रोजर बिन्नी जैसे ऑलराउंडर्स का टीम को बहुत लाभ मिला।

गावस्कर के अलावा सचिन तेंदुलकर, सौरभ गांगुली, वीरेन्द्र सहवाग, राहुल द्रविड़, वी.वी.एस. लक्ष्मण और इनके पहले गुंडप्पा विश्वनाथ, अजहरुद्दीन जैसे बल्लेबाज व एकदिवसीय क्रिकेट के आदर्श बल्लेबाज युवराज सिंह, अनिल कुंबले व हरभजन सिंह जैसे स्पिन गेंदबाज व श्रीनाथ, जहीर खान जैसे तेज गेंदबाज भी सामने आए। अब विराट कोहली, महेन्द्र सिंह धोनी, रोहित शर्मा सुर्खियाँ बटोर रहे हैं। रणजी ट्राफी में कभी मुम्बई का वर्चस्व रहा। अब वह बात नहीं रह गई है। विदर्भ, कर्नाटक व गुजरात की टीमें भी उलटफेर कर रही हैं। दिलीप ट्रॉफी की शुरुआत तो अच्छी व प्रभावशाली रही लेकिन अन्तर्राष्ट्रीय क्रिकेट की निरन्तरता के कारण बहुत सी क्षेत्रीय टीमों में उसके प्रमुख

खिलाड़ी अन्तर्राष्ट्रीय क्रिकेट में व्यस्त होने के कारण खेल ही नहीं पाते। अतः स्पर्धा का स्तर प्रभावित हुआ है।

भारत को 1970-71, 1983 की विजय व 1976 में वेस्टइंडीज के खिलाफ आखिरी पारी खेलते हुए 426 रन बनाकर टेस्ट मैच जीत तथा 1986 में इंग्लैंड में शृंखलाओं में जीत उसकी स्वर्णिम उपलब्धियाँ हैं। भारत में अंडर 16 व अंडर 19 के क्रिकेट को समुचित महत्त्व दिया जा रहा है और इसी आयुवर्ग से भविष्य के खिलाड़ी तैयार होते हैं। अब विकल्प के रूप में पर्याप्त खिलाड़ी उपलब्ध हैं जिस कारण उन्हें बारी-बारी से खिलाया जाता है।

टीम की फिटनेस व उसके क्षेत्ररक्षण के स्तर में बहुत सुधार हुआ है। अब भारतीय खिलाड़ी भी 'डाइव' लगाकर गेंद को रोक लेते हैं व बाउंड्री से बाहर जाती हुई गेंद को ठीक समय पर व नियमानुसार सीमा रेखा के अन्दर फेंककर इसे कैच करने में माहिर हो गए हैं। अफसोस इसी बात का है कि मैच फिक्सिंग के छींटे अजहरुद्दीन व अजय जडेजा पर भी लगे और उन्हें निलम्बित भी किया गया। सुप्रीम कोर्ट के निर्देश पर बनाई गई लोढ़ा कमेटी ने क्रिकेट कंट्रोल बोर्ड को भंग कर प्रशासकों की जो कमेटी बनाई, उसमें सुधार के नाम पर ऐसी बाबूगीरी व तानाशाही चलाई कि क्रिकेट की मैदानी गतिविधियों पर उसका गहरा प्रभाव पड़ा। यह साबित करने की कोशिश की गई मानो अतीत में बोर्ड अध्यक्षों ने कुछ किया ही नहीं और जो भी कुछ अच्छा करेंगे वह प्रशासक ही करेंगे। अन्ततः उनकी अफसरशाही खत्म हुई और सौरभ गांगुली को बोर्ड अध्यक्ष बनाया गया। आशा है जब हालात सुधरेंगे व मैदानी गतिविधियाँ भी जोर पकड़ेंगी। पूरे साल किसी न किसी स्तर का क्रिकेट चलता रहता है और सभी राज्यसंघ सालभर व्यस्त रहते हैं। इन बारीकियों को क्रिकेट की समझ रखने वाला ही समझ सकता है। प्रशासकों द्वारा बोर्ड

की अनदेखी पर बोर्ड का पक्ष दिल लखनवी के इस शेर के माध्यम से बखूबी समझा जा सकता है—

जब पड़ा वक्त गुलिस्ताँ पै तो खूँ मैंने दिया,
बहार आई तो कहते हैं तेरा काम नहीं।

पाकिस्तान को टेस्ट दर्जा 1952 में मिला यानी भारत को टेस्ट दर्जा मिल जाने के ठीक 20 साल बाद। उसके पहले अब्दुल हफीज कारदार, फजल महमूद, अमीर इलाही और इम्तियाज अहमद ये सभी भारत के लिए खेलते थे तथा पाकिस्तान बन जाने के बाद पाकिस्तान के लिए खेलने लगे। विडंबना देखिए कि पाक ने अपनी टेस्ट यात्रा की शुरुआत भारत के खिलाफ खेलकर की, जिसके साथ वे कभी एक ही टीम के लिए खेला करते थे। भारत यात्रा पर आई पाक टीम के खिलाफ 5 टेस्ट मैचों की यह शृंखला भारत ने 2-1 से जीत ली। 1959 में वेस्टइंडीज के खिलाफ खेलकर 1954 में इंग्लैंड को हराकर वेस्टइंडीज को भी हराया। पर इसके बाद उसे जीत के लिए 5 साल इन्तजार करना पड़ा। न्यूजीलैंड के खिलाफ उसने घरू शृंखला तो जीती पर फिर उसे अगली विजय के लिए 8 साल का लम्बा इन्तजार करना पड़ा। मैटिंग पर खेलते रहने के कारण 'टर्फ' पर खेलने के लिए खेल तकनीक में बदलाव न कर पाना इसका सबसे बड़ा कारण था। लाहौर को छोड़कर वहाँ पहले 'टर्फ' विकेट ही नहीं थे। बांग्लादेश भी पहले पाक का ही हिस्सा था और शुरुआती दौर में वहाँ से केवल एक टेस्ट स्तर का खिलाड़ी ही उभरकर सामने आया और वह था सीम गेंदबाज नियाज अहमद। 1955-56 में अम्पायर इदरीस बेग की अम्पायरिंग इतनी विवादास्पद रही कि इंग्लैंड को अपनी एम.सी.सी. टीम को वापस बुलाना पड़ा। 60 के दशक में हनीफ मोहम्मद ने वेस्टइंडीज के खिलाफ 16 घंटे 39

मिनट विकेट पर रहकर 337 रन बनाए जो कि टेस्ट क्रिकेट इतिहास की सबसे बड़ी पारी थी। हनीफ ने ही बहावलपुर के खिलाफ कराची के लिए 499 रन बनाए और यह प्रथम श्रेणी क्रिकेट का विश्व कीर्तिमान था। बाद में वेस्टइंडीज के ब्रायन लारा ने 1994 में 501 रन बना इसे ध्वस्त किया और यह आज प्रथम श्रेणी क्रिकेट में किसी बल्लेबाज द्वारा एक पारी में बनाए गए सर्वाधिक रनों का विश्व कीर्तिमान है। हनीफ में एक अच्छे बल्लेबाज के सभी गुण थे—तेजी, अच्छा फुटवर्क, असीमित धैर्य, उच्चस्तरीय एकाग्रता, उम्दा शारीरिक क्षमता और विशेष तकनीक। मुश्ताक मोहम्मद भी पाक के बेहतरीन प्रतिभाशाली खिलाड़ी थे। वे 13 की उम्र में अपना प्रथम श्रेणी मैच व 15 की उम्र में अपना पहला टेस्ट खेले। वे एक अच्छे बल्लेबाज तो थे ही, उम्दा लेग स्पिनर भी थे। माजिद खान, वसीम बारी, आसिफ इकबाल, इंतिखाब आलम जैसे प्रतिभावान खिलाड़ी तो उभरे लेकिन टीम का प्रदर्शन उतना अच्छा नहीं रहा। 70 का दशक पाक क्रिकेट में परिवर्तन, असन्तोष, आरोप व प्रत्यारोप का दौर रहा। 1978 के बाद इमरान खान, जहीर अब्बास, जावेद मियांदाद, मुदस्सर नजर, सलीम मलिक, सरफराज खान, वसीम अकरम, इकबाल कासिम, अब्दुल कादिर, सकलेन मुश्ताक, वकार यूनुस, शोएब अख्तर, इंजमाम-उल-हक जैसे खिलाड़ी विश्व क्रिकेट में अपना दबदबा कायम रख पाने में कायमाब हुए। 1992 का विश्वकप इमरान के नेतृत्व में अपने प्रारम्भिक मुकाबले हार जाने के बावजूद पाकिस्तान विश्वकप जीतने में कामयाब हुआ।

आतंकवाद की बढ़ती घटनाओं एवं राजनीतिक अस्थिरता के कारण पाकिस्तान का क्रिकेट भी प्रभावित हुआ है। वहाँ जूनियर क्रिकेट का स्तर तो अच्छा है पर अभी तक वह एक सन्तुलित व विजेता टीम तैयार नहीं कर पाया है। टीमें वहाँ जाने से डरने लगी हैं। एकदिवसीय

क्रिकेट के अतिरेक ने भी पाकिस्तान के क्रिकेट पर विपरीत प्रभाव डाला है। उसके कुछ खिलाड़ी—खासकर ऑफ स्पिनर सकलेन एवं हफीज 'चकिंग' यानी 'थ्रोइंग' के आरोप में विवादास्पद भी रहे हैं।

श्रीलंका में पहला क्रिकेट क्लब 1852 में बना, पर उसे टेस्ट बिरादरी में 1982 में शामिल किया गया। यानी क्रिकेट की शुरुआत के बाद उसे टेस्ट दर्जा प्राप्त करने के लिए 130 वर्ष तक जद्दोजहद करनी पड़ी। 1880 में एडले वॉकर के प्रयासों से श्रीलंका में पहला क्रिकेट मुकाबला खेला गया। वे कैम्ब्रिज में पढ़े थे और रॉयल कॉलेज में पढ़ाते थे। उन्हें ही सीलोन क्रिकेट का पितृ पुरुष कहा जाता है। प्रारम्भ के श्रीलंका के खिलाड़ियों को देहाती, विश्वविद्यालय और स्कूल स्तर के खिलाड़ियों के खिलाफ ही खेलने का मौका मिल पाता था। दूसरे विश्वयुद्ध के पहले तक यही स्थिति थी। 1880 के दशक में जॉर्ज वॉडियार नामक अंग्रेज सज्जन ने सीलोन क्रिकेट को प्रोत्साहित किया। उन्हीं के प्रयासों से इंग्लैंड व ऑस्ट्रेलिया आने-जाने वाली टीमें वहाँ रुकने लगीं। 1922 में सीलोन में क्रिकेट एसोसिएशन का गठन हुआ। विश्वयुद्ध के दौरान एडवर्ड केलार्ट, एम.के. अलबर्ट, डॉ. सी.एच. गुणसेकरा और एस.एल. विक्रमा उसके प्रमुख खिलाड़ी थे। प्रमुख यूरोपियन खिलाड़ियों में थे ए.एल. गिब्सन, ए.ई. ब्लेयर, डी.ए. राइट, सी. क्लोवर ब्राउन और डब्ल्यू. टी. ब्रिंडले।

एम.सी.सी. टीम वहाँ 1927 में आई और इसके बाद भारत के महाराज कुमार विजय नगरम भारत से एक टीम लेकर गए। 1932-33 में सीलोन की टीम भारत आई। यह उसकी पहली विदेश यात्रा थी। सी.एच. गुणसेकरा उसके कप्तान थे। टीम का प्रदर्शन अच्छा रहा और वह 10 में से सिर्फ एक मैच में पराजित हुई। सीलोन के तीन खिलाड़ी जय विक्रमा, वी.सी.डी. मेकॉर्टनी और एम. सत्यशिवम पंचकोणी स्पर्धा

में शेष एकादश के लिए भी खेले। मेकॉर्टनी 1948 में ऑस्ट्रेलिया चले गए और वहाँ वे वेस्टर्न ऑस्ट्रेलिया के लिए शेफील्ड शील्ड में खेलने लगे। ऐसा मौका पाने वाले वे पहले सीलोन वासी थे। भारत, पाकिस्तान, वेस्टइंडीज, ऑस्ट्रेलिया और राष्ट्रमंडलीय टीमें, वहाँ अनधिकृत टेस्ट श्रृंखला खेलने आईं। यह बात 1945 से 1957 के बीच की है।

1974 में सीलोन को श्रीलंका कहा जाने लगा। 1975 में वह वेस्टइंडीज के खिलाफ अनधिकृत टेस्ट 'ड्रा' करवाने में सफल हुई। उसने 1975 के पहले विश्वकप में भाग लिया और ऑस्ट्रेलिया के खिलाफ 4 विकेट पर 276 रन बनाकर सबको चौंका दिया। पर वह यह मैच भी हार गई और पाकिस्तान वेस्टइंडीज के खिलाफ भी हारी। 1979 में उसे आई.सी.सी. ट्रॉफी जीतने का मौका मिला और इसी आधार पर उसे दूसरे विश्वकप में खेलने का अवसर मिला। वेटिमुनि, राय डॉयस, दुलीप मेंडिस ने बल्लेबाजी और ओपाधा, एल.एस.डी. सिल्वा और डी.एस.डी. सिल्वा ने गेंदबाजी में प्रभावित किया। टेनीकून, दलीप मेंडिस, वंडुला वर्नापुरा, सुनील वेटिमुनी, रॉय डॉयस जैसे बल्लेबाज व फर्नांडो जैसे विकेटकीपर और डी सिल्वा जैसे गेंदबाज इस काबिल थे कि वह टेस्ट क्रिकेट के योग्य स्वीकार किया जाए। 1981 से 1990 के बीच 10 वर्षों में उसने सिर्फ 30 टेस्ट खेले जो सभी क्रिकेट राष्ट्रों से काफी कम थे। 1975, 79 तथा 1983 के विश्वकप तक तो उसका प्रदर्शन साधारण ही रहा किन्तु 1996 के विश्वकप का विजेता श्रीलंका ही बना। अर्जुन रणतुंगा के नेतृत्व में उसने नया इतिहास रचकर सभी का ध्यान आकर्षित किया। पर 1999 के विश्वकप में उसे सुपर सिक्स में जगह नहीं मिल पाई।

श्रीलंका ने रॉय डॉयस, दुलीप मेंडिस, वेटिमुनि, अर्जुन रणतुंगा, अरविंद डी सिल्वा, जयसूर्या, महानामा, जयवर्धने जैसे बल्लेबाज व डी

सेल, डी. सिल्वा बन्धु, रत्नायके, जयसूर्या तथा मुरलीधरन जैसे गेंदबाज क्रिकेट जगत को दिए हैं। 1997 में श्रीलंका ने भारत के खिलाफ 6 विकेट पर 952 रन बनाकर टेस्ट क्रिकेट का सर्वाधिक स्कोर खड़ा किया और जयसूर्या एक टेस्ट पारी में 340 रन बनाकर श्रीलंका के लिए एक टेस्ट पारी में सर्वाधिक रन बनाने वाले बल्लेबाज बने।

मैच फिक्सिंग व सट्टेबाजी के आरोपों से श्रीलंका भी अछूता नहीं रहा। अरविंद डी सिल्वा पर शक की सुई घूमती ही रही है। यह त्रासदी ही है कि आकर्षक व आक्रामक शैली के लोकप्रिय खिलाड़ी अपराध जगत की पहली पसन्द होते हैं।

जिम्बाब्वे पहले रोडेशिया कहलाता था। कहा जाता है कि रोडेशिया में क्रिकेट 1910 से खेला जाता रहा है। 1914 के पहले यहाँ एक लीग स्पर्धा भी शुरू हुई। यातायात के पर्याप्त साधन न होने से समस्याएँ भी आईं। न सड़कें थीं, न रेल और न ही वायुयान।

प्रथम विश्वयुद्ध की समाप्ति के बाद यहाँ की क्रिकेट गतिविधियों ने गति पकड़ी। एम.सी.सी. की टीम 1930-31 व 1938-39 में रोडेशिया आई। 1936 में ऑस्ट्रेलिया ने भी रोडेशिया का दौरा किया। 1935 में दो रोडेशियाई खिलाड़ी आर.जी. क्रिस्प और डी. एस. हेमिल्टन दक्षिण अफ्रीकी टीम के साथ इंग्लैंड के दौरे पर जा ही चुके थे। लोगों में क्रिकेट के प्रति उत्साह था। अतः परेशानियों और विपरीत परिस्थितियों के बावजूद क्रिकेट वहाँ जिन्दा रहा। 1983 तक जिम्बाब्वे के रूप में स्वतंत्र राष्ट्र का निर्माण हो चुका था और आई.सी.सी. ट्रॉफी विजेता होने के कारण जिम्बाब्वे को 1983 के विश्वकप में खेलने का अवसर मिला और उसने लाजवाब प्रदर्शन किया। विशेषकर भारत के खिलाफ लीग मुकाबले में भारत के 17 पर 5 विकेट लेकर उसने तहलका मचा दिया था। कपिल के शानदार 175 रनों की पारी ने भारत को जितवाया।

1987 में और फिर 1992 में विश्वकप में भी एक जुझारू टीम के रूप में जिम्बाब्वे ने क्रिकेट जगत में अपनी पहचान बनाई।

संयोग देखिए कि दक्षिण अफ्रीका की क्रिकेट बिरादरी में वापसी 1992 में हुई और जिम्बाब्वे को भी टेस्ट दर्जा 1992 में ही मिला और 1992 में भारत के खिलाफ हरारे में खेले गए एकमात्र टेस्ट से उसने टेस्ट क्रिकेट का आगाज किया। 1993 में उसकी टीम भारत आई पर एकमात्र टेस्ट में हार गई। पर 1998 में जिम्बाब्वे के दौरे पर आई भारतीय को एकमात्र टेस्ट में पराजित कर अपनी पहली टेस्ट विजय दर्ज करवाई। अजहरुद्दीन, तेंदुलकर, द्रविड़ व गांगुली जैसे विश्वविख्यात खिलाड़ियों के खिलाफ जीत एक बड़ी उपलब्धि थी। 1998 में ही उसने पाकिस्तान का दौरा किया और 1-0 से जीत दर्ज की। यह विदेशी दौरे पर उसकी पहली जीत थी। 1999 में विश्वकप के बाद यदि नील जॉनसन देश छोड़कर नहीं जाते तो उसकी टीम निश्चित ही बेहतर सन्तुलित टीम होती। अपने टेस्ट प्रवेश के 7वें ही वर्ष भारत व पाक को हराना वाकई एक बड़ी उपलब्धि थी। विश्वकप 1999 में लीग मैचों की जीत के महत्त्व का जिम्बाब्वे को सर्वाधिक लाभ मिला व इंग्लैंड की सर्वाधिक हानि हुई। जिम्बाब्वे ने सुपर सिक्स में पहुँचकर एक बड़ी सफलता प्राप्त की और भारत व दक्षिण अफ्रीका को हराकर सभी को चौंका दिया। नील जॉनसन के दोहरे प्रदर्शन की बदौलत उसने दक्षिण अफ्रीका को 48 रनों के बड़े अन्तर से हराया। सुपर सिक्स में उसने न्यूजीलैंड को हराया। यदि भारत न्यूज़ीलैंड से न हारा होता तो जिम्बाब्वे सेमीफाइनल खेलता।

दक्षिण अफ्रीकी टीम के खिलाड़ियों के सतत सम्पर्क में रहने का उसे लाभ मिला है। जिम्बाब्वे की टीम में न तो कोई विश्वस्तरीय खिलाड़ी है और न ही कोई रिकॉर्डधारी खिलाड़ी। पर वे जी-जान लगाकर

खेलते हैं और मिल-जुलकर एक ताकतवर टीम के रूप में चुनौती देते हैं। तभी तो वे विश्व की ताकतवर टीमों को भी संघर्ष करने के लिए मजबूर करते रहे हैं।

जहाँ तक क्षेत्ररक्षण का सवाल है, उसका क्षेत्ररक्षण विश्व की दो श्रेष्ठ मानी जाने वाली टीमों—ऑस्ट्रेलिया व दक्षिण अफ्रीका के समकक्ष ही है। उसकी सटीक गेंदबाजी व चुस्त क्षेत्ररक्षण के कारण उसका छोटा स्कोर भी टीमों को बड़ा लगता है।

पिछले कुछ वर्षों से आर्थिक परेशानी और राजनीतिक एवं सामाजिक उथल-पुथल ने जिम्बाब्वे के क्रिकेट पर भी विपरीत प्रभाव डाला है। लगातार खराब प्रदर्शन के कारण उसके टेस्ट दर्जे पर भी सवाल उठ रहे हैं। खेल का स्तर सामान्य परिस्थितियों में ही बनाए रखा जा सकता है। वह स्थिति नहीं होने से उसके प्रदर्शन का स्तर गिर रहा है। कभी वहाँ के वेस्सर वेसल दक्षिण अफ्रीका के लिए टेस्ट क्रिकेट खेले और विख्यात भी हुए थे। आज वह स्थिति नहीं है।

बांग्लादेश टेस्ट दर्जा पाने वाला 10वाँ व अभी तक का अन्तिम क्रिकेट देश है। उसके पहले उसके खिलाड़ी पाकिस्तान के लिए खेलते थे और उससे भी पहले भारत के लिए। जगमोहन डालमिया के निजी प्रयासों से आई.सी.सी. ने उसे टेस्ट दर्जा दिया।

1999 के विश्वकप के ठीक पहले मार्च में ढाका में बांग्लादेश, केन्या और जिम्बाब्वे के बीच मेरिल इंटरनेशनल स्पर्धा खेली गई थी। इन तीनों देशों में सिर्फ जिम्बाब्वे ही टेस्ट दर्जा प्राप्त देश था। इससे क्रिकेट का वातावरण बना। 1999 में एशियाई टेस्ट चैंपियनशिप का फाइनल ढाका में ही खेला गया। भारत, पाकिस्तान व श्रीलंका के बीच खेली गई इस स्पर्धा का फाइनल पाकिस्तान व श्रीलंका के बीच हुआ जिसमें पाकिस्तान चौथे दिन ही जीत गया। पाँचवें दिन पाकिस्तान व

बांग्लादेश के बीच एकदिवसीय मैच खेला गया जिसमें पाकिस्तान ने बांग्लादेश को 152 रनों से हरा दिया। यह अन्तर बांग्लादेश द्वारा बनाए गए रनों से 9 रन ज्यादा था। दरअसल ये आयोजन क्रिकेट के प्रचार-प्रसार व फैलाने के उद्‌देश्य से किए गए।

बांग्लादेश और पश्चिम बंगाल के रीति-रिवाज, खान-पान और परिवेश में काफी साम्य है। बांग्लादेश पहले बंगाल का ही तो हिस्सा था। बांग्लादेश के खिलाड़ी मैटिंग विकेट पर ही अधिक खेलते रहे। वहाँ टर्फ बना है पर चूँकि घास की नीचे की सतह पर पिसी हुई मिट्‌टी होती थी, अत: विकेट बेजान ही रहे।

1973 में जब बांग्लादेश बन गया तो शुरुआती दौर तो उथल-पुथल वाला व बेरोजगारी तथा गरीबी से ही प्रभावित रहा।

1976-77 में इंग्लैंड के चयनकर्ता ब्रायन टेजर के नेतृत्व में एम.सी.सी. की टीम बांग्लादेश आई और उसने 4 मैच खेले। तीन 'ड्रा' रहे और चटगाँव में मैटिंग पर खेले गए मैच में एम.सी.सी. एक पारी से जीता। पर उस मैच को देखने 3 दिन में 40 हजार दर्शक आए। फिर श्रीलंका ने दौरा किया और वह भी जीती। 1978-79 में एम.सी.सी. की टीम फिर आई। इंग्लैंड की यही कोशिश थी कि क्रिकेट सभी दूर फैले और बांग्लादेश में भी लोकप्रिय हो। 1979 के विश्वकप के पहले आई.सी.सी. ट्रॉफी के लिए 24 टीमों ने भाग लिया और बांग्लादेश की टीम तीसरे स्थान पर रही। बांग्लादेश एक सन्तुलित टीम तैयार करना चाहता था। 1988-89 से वहाँ क्रिकेट स्पर्धाएँ बढ़ीं, विकेट्‌स का स्तर भी सुधरा तथा खेल सुविधाओं में भी सुधार हुआ। बांग्लादेशी चाहते थे कि उनकी टीम को भी टेस्ट दर्जा मिले। जगमोहन डालमिया के प्रयासों से उनका यह सपना भी पूरा हो गया और भारत के खिलाफ खेलकर ही उसने अपनी टेस्ट यात्रा शुरू की। 1991 से लेकर 2000 तक का दशक उसके लिए

लाभकारी रहा। इन 10 वर्षों में उसने 31 एकदिवसीय मैच खेले। इनमें से 3 जीते और 28 में वह पराजित हुआ।

एकदिवसीय मैचों में कई बार चौंका देने वाले नतीजे सामने आते हैं। 1996 के विश्वकप में जहाँ केन्या ने वेस्टइंडीज को हराकर सबको चौंकाया था तो सन् 1999 के विश्वकप में यह काम जिम्बाब्वे ने भारत और दक्षिण अफ्रीका को और बांग्लादेश ने पाकिस्तान को हराकर किया। 1999 के विश्वकप में पहले उसने स्कॉटलैंड को 22 रनों से हराया और फिर पाकिस्तान जैसी अनुभवी और ताकतवर टीम को 62 रनों से पराजित किया। बांग्लादेश के लिए एस. हुसैन व अकरम खान ने उपयोगी बल्लेबाजी करके बड़ा स्कोर बनाने में मदद की। महमूद, रफीक रहमान और अबेदीन नेत्रे की गेंदबाजी ने प्रभावित किया।

बांग्लादेश एकदिवसीय क्रिकेट में तो भारत, पाकिस्तान, दक्षिण अफ्रीका और ऑस्ट्रेलिया को हरा चुकी है। पर उसे टेस्ट क्रिकेट में खुद को साबित करना है। वर्तमान में शकीब उल हसन, तमिम इकबाल, महमदुल्लाह, शहादत हुसैन और शफी उल इस्लाम उसके प्रमुख खिलाड़ी हैं। यदि वहाँ जूनियर—खासकर अंडर-16 और अंडर-19 के स्तर के क्रिकेट को उचित व पर्याप्त प्रोत्साहन दिया जाए तो वह टेस्ट क्रिकेट में भी अच्छा प्रदर्शन करने लायक हो जाएगा।

टेस्ट दर्जा प्राप्त देशों के अलावा केन्या, कनाडा, संयुक्त अरब अमीरात, ब्राजील, अर्जेंटीना व अमेरिका में भी बरसों से क्रिकेट खेला जाता रहा है। पर ये देश अभी अपना खेल स्तर आई.सी.सी. ट्रॉफी में खेलने व कामयाब होने लायक नहीं कर पाए हैं।

डॉन ब्रेडमन

डेनिस लिली

स्टीव स्मिथ

जैफ थॉमसन

विक्टर ट्रम्पर

शेन वॉर्न

ईयन बॉथम

जैफ बॉयकाट

विमलकेव

रे लिंडवॉल

फ्रेड ट्रूमैन

डेरिक अंडरवुड

भगवत चन्द्रशेखर

बिशन सिंह बेदी

सी के नायडू

इरापल्ली प्रसन्ना

लाला अमरनाथ

सुभाष गुप्ते

विजय हजारे

वीनू मांकड़

रिचर्ड हेडली

मार्टिन क्रो

अब्दुल हफ़ीज़

इमरान खान व जावेद मियांदाद

वसीम अकरम व वकार यूनुस

अब्दुल कादिर

फ़ज़ल महमूद

एलन डॉनल्ड

बैरी रिचर्ड्स

जैक कालिस

ग्रीम पोलक

अर्जुन राणातुंगा

जार्ज हेडली

राबर्ट्स, होल्डिंग, क्रॉफ्ट व गार्नर

क्लाइव लॉयड

ब्रायन लारा

विव रिचर्ड्स

फ्रेंक वारेल

वेसली हॉल

कपिल देव

अनिल कुंबले

सचिन तेंदुलकर

मार्केटिंग कला भी है व विज्ञान भी

यह युग ही मार्केटिंग का है। ऐसी कोई चीज नहीं है, जिसकी मार्केटिंग न की जा रही हो और जो मार्केटिंग से अछूती हो। जब अस्पताल, शिक्षा संस्थान, औद्योगिक घराने व उत्पाद ही नहीं, शासकीय एजेंसियाँ और शासन के विभिन्न विभाग, फिल्में ही नहीं, निजी रूप से व्यक्ति खुद की या अपनी खूबियों की मार्केटिंग खुल्लमखुल्ला व बेहिचक होकर कर रहे हों तो क्रिकेट कैसे मार्केटिंग से अछूता रह जाता? मूँछ वाले मूँछों की, बड़े बालों वाले बालों की मार्केटिंग ही तो कर रहे होते हैं, जब वे बड़ी शान से इठलाते हुए अपनी फोटो खिंचवाते व दूसरों को दिखाते हैं।

एम.डी.एच. के करीब 100 वर्षीय महाशय जी बड़े चाव से मूँछों पर ताव देते हुए एम.डी.एच. मसालों की मार्केटिंग करते नजर आते हैं। दूसरे लोग तो करते ही हैं। मार्केटिंग खुद एक उद्योग के रूप में स्थापित हो चुका है। जाने-माने चेहरे व विज्ञापनों के लिए काम करने वाले व्यावसायिक लोगों से मार्केटिंग में विज्ञापन तैयार करवाए जाते हैं। पूजा करने वाले पंडित भी ऑनलाइन पूजा करने के लिए विज्ञापन मेले व खुद अपनी मार्केटिंग करते हैं।

मार्केटिंग के लिए बनाई गई फिल्मों में गजब की रचनात्मकता व क्रियाशीलता होती है। तभी तो उनका असर किसी कविता से कम नहीं होता। सीमेंट का विज्ञापन हो चाहे पान मसाले का या फिर स्विगी जोमेटो या उबेर अथवा पान मसाले, कार या शुद्ध पीने के पानी के लिए केंट या प्योरइट अथवा बिसलेरी या टूथपेस्ट या एशियन पेंट्स का विज्ञापन। सभी गहरा असर छोड़ते हैं। पंकज कपूर व एम.एस. धोनी पकौड़ों से लेकर सभी तरह की खरीदारी के लिए मास्टरकार्ड का विज्ञापन करते हैं तो 'फॉग' का विज्ञापन बेहद छोटा पर प्रभावशाली बनाया गया है जिसमें बातचीत कम से कम, पर दृश्यों का एडिटिंग लाजवाब है। अमिताभ बच्चन, हेमा मालिनी, रणवीरसिंह, रणबीर कपूर, शाहरुख खान, आमिर खान, सलमान खान, विद्या बालन, दीपिका पादुकोण, अनुपम खेर, अक्षय कुमार जैसे सितारे किसी न किसी उत्पाद का विज्ञापन करते ही हैं। जितना वे फिल्मों से कमाते हैं लगभग उतना ही विज्ञापनों से भी कमा लेते हैं। यही नहीं, शायर जावेद अख़्तर भी विज्ञापन करते नजर आते हैं।

क्रिकेट खिलाड़ियों में धोनी, विराट कोहली, सहवाग, रोहित शर्मा, अधिक नजर आते हैं। ये सभी अपनी फिल्म, कार्यक्रम और गतिविधियों का प्रमोशन भी करते हैं व उत्पादों का विज्ञापन भी। अपने शो, फिल्म या अपनी वेब सीरीज अथवा किसी और कार्यक्रम के प्रमोशन से लेकर शहर-शहर घूमकर उनका प्रचार करने के लिए सभी शहर घूमते व पत्रकार वार्ता व साक्षात्कार देते नजर आते हैं। यह भी मार्केटिंग ही तो है।

यह जमाना मार्केटिंग के साथ-साथ सोशल मीडिया का भी है। और यह विधा मार्केटिंग के लिए प्राणवायु सिद्ध हुई है। मार्केटिंग करने वाले अखबार व टेलीविजन और पैंफलेट से प्रचार करने से सन्तुष्ट नहीं होते। वे सोशल मीडिया का भी खूब दोहन करते हैं। इंटरनेट व स्मार्टफोन

के आने के बाद मार्केटिंग से जुड़े लोगों की पौ-बारह हो गई है। क्या नेता, क्या अभिनेता और क्या खिलाड़ी, सभी बहती गंगा में हाथ धो रहे हैं। ट्वीट, फेसबुक, स्मार्टफोन पर फोटो व मैसेज भेजने का चलन इतना बढ़ गया है कि आई.टी. विशेषज्ञों ने इनके लिए कम्पनियाँ बना ली हैं। ये कम्पनियाँ इन मशहूर लोगों के सतत सम्पर्क में रहती हैं और मौका देखकर उनसे पूछ लेती हैं कि किस मौके पर उनकी टिप्पणी या राय विशेष चर्चित रहेगी। जो इन संसाधनों का खुद उपयोग नहीं करते वे इन एजेंसियों के माध्यम से ये सभी विधाओं में सक्रिय बने रहते हैं। वैसे इन सितारों को खुद कहाँ फुरसत है कि वे जो इंटरनेट पर आता है उसे पढ़ें और फिर अपनी प्रतिक्रिया दें। यह सारा काम एजेंसियाँ ही व्यावसायिक आधार पर करती हैं। इस तरह सोशल मीडिया ने मार्केटिंग को नया आयाम दिया है। इंडियन आयडल जैसे संगीत के रियलिटी शो में भी उदीयमान व युवा गायक खुद अपने लिए एस.एम.एस. करके वोट माँगते हैं। यह भी खुद के लिए मार्केटिंग करना ही है। लाभ प्राप्ति के लिए पैसा लगाना व्यापार की भाषा में निवेश कहा जाता है। ये मशहूर व लोकप्रिय लोग यही कर रहे हैं। गाहे-बगाहे वक्तन-फवक्तन ये मशहूर लोग अपने प्रमोशन व अपनी मार्केटिंग के लिए मौका निकाल ही लेते हैं। कपिल शर्मा के लाफ्टर शो पर भी कई बार फिल्मी सितारों को बुलाया जाता है और वे अपनी आने वाली फिल्म व अपने रोल पर बोलने का अवसर ढूँढ़ ही लेते हैं। यदि वे ऐसा न कर पाएँ तो कपिल खुद उन्हें याद दिलाकर लोगों से फिल्म देखने का आग्रह करते हैं। करोड़पति में अमिताभ भी फिल्मी सितारों को बुलाते व उनके प्रोजेक्टर पर बात करते नजर आते थे। टाइगर पटौदी के बेटे सैफ अली खान तो न्यूजीलैंड के खिलाफ तीसरे टी-20 मैच में 'जाइन दी गेम' कार्यक्रम में अपनी आने वाली फिल्म 'जवानी दीवानी' का प्रमोशन करने जा पहुँचे थे। खबरों में

बने रहने व लोगों के दिलो-दिमाग पर छाए रहने के लिए लगभग सभी फिल्मी सितारे अक्सर अपनी पुरानी फोटो वाट्सएप पर डालकर लोगों के साथ शेयर करते हैं। अमिताभ बच्चन, जावेद अख्तर व शबाना आजमी, दिलीप कुमार व सायरा बानो ने खुद ही अपने पुराने व बचपन के फोटो वायरल किए हैं। कुछ फोटो तो कवि बच्चन व कैफी आजमी तथा लता व ऊषा मंगेशकर के भी हैं। अपने निजी संग्रह से भावुक क्षणों के फोटो सार्वजनिक करने में उन्हें कोई संकोच नहीं होता, क्योंकि अब वे उन क्षणों को लाखों लोगों तक पहुंचा सकते हैं। यह प्रवृत्ति उन्हें शोहरत भी देती है व किसी न किसी रूप में लाभ भी पहुँचाती है। अच्छी-सी फोटो व खूबसूरत अन्दाज में लिखी गई पोस्ट इन्हें मिनटों में लाखों तक पहुँचा देती है। मार्केटिंग का इससे अधिक कारगर सबूत और क्या होगा?

सोशल मीडिया प्रभावी व उपयोगी तो है पर अक्सर गलत फोटो व गलत जानकारी देकर इस विधा का दुरुपयोग भी हो रहा है। इंटरनेट को हम साधन ही मानें, साक्ष्य नहीं। हम सोचें कि वह हमारे लिए है या हम उसके लिए? हम उसके गुलाम क्यों बनें? और गलत जानकारी इधर-उधर भेजकर हम उसका मूल उद्देश्य ही नष्ट कर रहे हैं। इतनी हड़बड़ी व जल्दबाजी क्योंकि भेजी गई सारी जानकारी ही गफलत में पड़ जाए? फेक न्यूज की ही तरह फेक फोटो व पोस्ट भी अवांछनीय है।

क्रिकेट खिलाड़ी भी मार्केटिंग के माध्यम से विभिन्न कम्पनियों के ब्रांड एम्बेसेडर हैं और अपने ब्रांड के प्रमोशन के अलावा फेसबुक, ट्विटर, अखबार, सोशल मीडिया व डिजिटल प्लेटफार्म द्वारा करोड़ों रुपए कमाते हैं। यह कमाई उनकी सालाना खेलने की बँधी हुई रकम के अतिरिक्त है। हर बड़ी उत्पाद कम्पनी की अपनी वेबसाइट है और अपना एप है। सभी यही कहते हैं कि आप उनके एप को डाउनलोड करें। विराट कोहली की 2020 में पहले 6 माह की कमाई होगी 185

करोड़ रुपए। वे इंस्टाग्राम के लिए प्रति पोस्ट 1.35 करोड़ रुपए लेते हैं। 2008 के आई.पी.एल. में बेंगलुरु ने उन्हें 12 लाख में खरीदा था। आज 12 वर्ष बाद वे 126 करोड़ रुपए प्रति वर्ष वेतन लेते हैं। वह भी तब जब रॉयल चैलेंजर्स, बेंगलुरु आई.पी.एल. में बड़े खिलाड़ियों से लैस होने के बावजूद कमजोर टीमों में ही शुमार होती है।

सभी क्षेत्रों में बढ़ते मार्केटिंग के प्रभाव से भला क्रिकेट कैसे व कब तक अछूता रहता। मार्केटिंग बड़े वैज्ञानिक तरीके से, सोच-समझकर व सही समय पर की जाती है। अतः वह विज्ञान के सभी आवश्यक गुणों से सम्पन्न है। साथ ही उसमें गजब की रचनाधर्मिता है व थोड़े से में बहुत कुछ कह देने और प्रभाव की गहराई लिए भावों की अभिव्यक्ति भी है। अतः वह एक कला की आवश्यकताओं की भी पूर्ति करती है। खिलाड़ियों को पैसा मिले व वे इसके लिए मार्केटिंग करें, इसमें कोई बुराई नहीं है। पर धनलोलुपता की आपाधापी में क्रिकेट पीछे न छूट जाए, इसका ध्यान रखा जाना जरूरी है। एम.एस. धोनी और रोहित शर्मा एक करोड़ रोज कमाते हैं। व 22 ब्रॉन्ड्स का विज्ञापन करते हैं। सचिन तेंदुलकर के जमाने में मार्केटिंग शुरू हुई थी पर उसका चलन सीमित था। पर सुनील गावस्कर व कपिल देव के जमाने में यह सब अकल्पनीय था। मार्केटिंग का शोर विगत 4-5 वर्षों से ही बढ़ा है और अनेक रईस कम्पनियाँ व बहुराष्ट्रीय कम्पनियाँ भारत से सम्बन्धित विज्ञापन ही देती हैं, क्योंकि भारत में ही क्रिकेट अधिक देखा जाता है। टेलीविजन के अलावा स्टेडियम में भी सभी जगह विज्ञापनों के होर्डिंग नजर आते हैं। नतीजतन आयोजक क्रिकेट संघ को भी टी.वी. राइट्स के जरिए लाखों रुपए मिलते हैं। धोनी पिछले विश्वकप के बाद से भारत के लिए नहीं खेले हैं। पर फिर भी उनकी ब्रांड वेल्यू है और यही वजह है कि वे अभी भी विज्ञापनों में दिखते हैं। यही बाजार की नियति है। इसी तरह

खिलाड़ियों की कीमत तय होती है। बाजार का यही रवैया है। 50 के दशक में खिलाड़ियों को टेस्ट में खेलने के लिए बहुत कम पैसा मिलता था। वसन्त रंजने और कमल भंडारकर जैसे खिलाड़ियों को तंगहाली में अन्तिम दिन गुजारने पड़े। उसकी तुलना में आज के खिलाड़ी अधिक भाग्यवान हैं कि उन्हें खेलने के लिए भी करोड़ों मिल रहे हैं और विज्ञापनों के लिए भी वे करोड़ों कमा रहे हैं। और मजे से पाँच सितारा होटलों में ऐश से ठहरते हैं। वरना त्रिकोणी, चतुष्कोणी और पंचकोणी स्पर्धा में मुम्बई आने-जाने के लिए सभी को खुद अपने पैसे खर्च करने पड़ते थे और समर्थकों के घरों में ठहरना पड़ता था। भारतीय क्रिकेट कंट्रोल बोर्ड का भी खिलाड़ियों व खेल को व्यवस्थित तरीके से चलाने में बहुत बड़ा योगदान है। वह खिलाड़ियों को नियंत्रित भी करता है व उनके अच्छी तरह से प्रतिस्पर्धात्मक क्रिकेट खेलने का इन्तजाम भी करता है। टीम जब अच्छा खेलती है तभी टीम को भी अच्छे प्रायोजक मिलते हैं व खिलाड़ियों की भी अच्छी पूछ-परख होती है।

अपना प्रचार खुद करना आज अधिक सार्थक, प्रभावी व औचित्यपूर्ण माना जाता है। सीधी-सी बात है। आपको अपनी बात खुद ही करनी पड़ती है और करनी भी चाहिए। दूसरे भला आपकी बात क्यों कहेंगे? उन्हें भी तो अपनी बात करनी व कहनी है। उचित यही है कि सब अपनी-अपनी बात कहें। अब पहले जैसे संकोच व शर्म का जमाना नहीं रहा। जो संकोच में चुप रह जाते हैं। वे दौड़ में पिछड़ जाते हैं। इसी प्रचार-प्रसार की जरूरत ने मार्केटिंग को जन्म दिया है। मीडिया, सोशल मीडिया, विज्ञापन व 'लिप पब्लिसिटी' यानी एक से दूसरे के बीच बाँटी गई राय ये सभी मार्केटिंग के तौर-तरीके हैं। आज के खिलाड़ी भी यही सब कर रहे हैं। संकोच के कारण अतीत में खिलाड़ी बहुत कुछ खो चुके हैं। भलमनसाहत व दरियादिली के कारण 60 के दशक में लीजेंड लेग

स्पिनर सुभाष गुप्ते ने अपने रूम पार्टनर का जुर्म हँसते-हँसते अपने ऊपर लग जाने दिया पर कभी भी सच्चाई नहीं बताई। नतीजतन निष्कासन की सजा भुगती व पलायन कर वेस्टइंडीज में जा बसे। आज 80 वर्ष बाद आप ऐसी स्थिति की कल्पना भी नहीं कर सकते। आप इसे खुलापन कहें या साफगोई, वर्तमान युग में सभी अपने-अपने कौशल, अपनी-अपनी क्षमता, सामर्थ्य, योग्यता व काबिलियत का खुद-ब-खुद इजहार करते दिखाई देते हैं। याद यही रहना चाहिए कि मार्केटिंग एक जरिया है औरों तक पहुँचने का। वह साक्ष्य या लक्ष्य नहीं है।

समय परिवर्तनशील है। समय के साथ सोच भी बदलता है व जीवन-शैली भी। आज के खिलाड़ी भी इसके अपवाद नहीं हैं। वे इंतजार करने व रुकने में विश्वास नहीं करते। वे जानते हैं कि आज उनकी माँग है। कल किसने देखा, वे वर्तमान में जीकर स्थिति का पूरा फायदा उठाना चाहते हैं। जरूरी यही है कि जिसने उन्हें यहाँ तक पहुँचाया है उसे वे न भूलें। क्रिकेट बॉडी लाइन, चकिंग, ड्रेगिंग, केरी पैकर, फिक्सिंग, स्पॉट फिक्सिंग जैसे संकट पार किए हैं तो मार्केटिंग से मिल रही चुनौती भी वह पार करेगा तथा एक गौरवशाली अतीत को बरकरार रखते हुए वह आकर्षक खेल के रूप में और उभरेगा। मार्केटिंग तो आज की जरूरत भी है और मजबूरी भी। समय-समय पर मार्केटिंग के तौर-तरीके, फैशन, रुझान तथा बाजार की जरूरत व आपूर्ति का हिसाब भी बदलता रहता है। कोई एक वस्तु हमेशा के लिए उपयुक्त नहीं हो सकती। जब कोई तरीका पुराना हो जाता है या अधिक दिनों तक काम में लिए जाने से उसका आकर्षण समाप्त हो जाता है तो उसके स्थान पर नया तरीका इस्तेमाल में लाया जाता है और यह क्रम अनवरत रूप से चलता रहता है और अनन्त है। कभी फिल्मों को वितरकों के माध्यम से दिखाया जाता है। फिर यह व्यवस्था खत्म हो गई। इसी तरह पहले फिल्मों का

मूल्यांकन इस आधार पर होता था कि कौन-सी फिल्म कितने दिन, हफ्ते या महीने चली। अब व्यवस्था बदल गई है। अब किस फिल्म ने किस दिन व हफ्ते में प्रतिदिन कितनी कमाई की यानी किस फिल्म का पहले, दूसरे व अन्य दिनों का कलेक्शन कितना रहा, यही मूल्यांकन का आधार बन गया है। इसे ही सफलता माना जाता है। इसी तरह कौन-सा क्रिकेट खिलाड़ी कितना कमाता है व उसकी ब्रांड वैल्यू कितनी है। यही उसकी लोकप्रियता का आधार बन गया है। टेस्ट रन या टेस्ट शतक अथवा टेस्ट विकेट केवल विसडन की शोभा बढ़ाने के लिए रह गए हैं। बदलते जमाने का यह बदलता रवैया आँखें खोल देने वाला है। पुराने खिलाड़ी यह बदलाव आते देखकर हैरान होंगे। मैं भी हूँ।

सत्तर के दशक में मशहूर कमेंटेटर व उद्घोषक तल्यार खान ने कहा था कि आँकड़ों, औसत व हार-जीत को लेकर बढ़ रही प्रतिद्वंद्विता के बढ़ते दबाव व प्रभाव में क्रिकेट की मूलभूत विशेषताएँ व आकर्षण जैसे गुणवत्ता एवं कलात्मकता पीछे छूटती जा रही हैं। बल्लेबाजों के नैसर्गिक व लुभावने स्ट्रोक्स एवं गेंदबाजों के गेंद को घुमाने और स्विंग कराने की कला में ही तो क्रिकेट का आकर्षण था। ये खूबियाँ कहाँ खो गईं? यदि तल्यार खान एकदिवसीय—विशेषकर टी-20 क्रिकेट को देखते तो यकीनन उनका भी मोहभंग हो जाता। बदलाव व परिवर्तन तो ठीक है पर क्या मूलभूत गुणों के बलिदान की कीमत पर यह सब होना चाहिए, यह प्रश्न जरूर विचारणीय है। आप मानेंगे कि गेंद को स्विंग, 'मूव', 'कट' और स्पिन कराने की कला दुर्लभ होती जा रही है। 'नेट रन रेट', हर गेंद का हिसाब और 'आस्किंग रेट' तथा 'वर्तमान रेट' जैसे जरूरी माने जाने वाली आँकड़ेबाजी और बढ़ गई है। यही नहीं, छक्कों की ऊँचाई तथा लम्बाई का भी हिसाब किया जाता है। गेंद और बल्ले का शुद्ध सात्विक खेल रह ही कहाँ गया है?

सीमित ओवर में क्रिकेट ने क्रिकेट को मार्केटिंग का बड़ा बाजार तो दिया किन्तु साथ ही उसके प्रबन्ध व प्रचार कौशल ने लोगों का ध्यान टेस्ट क्रिकेट के गम्भीर किस्म के क्रिकेट से हल्के-फुल्के व मनोरंजन प्रधान क्रिकेट की ओर मोड़ दिया। लेकिन सीमित ओवर के क्रिकेट के इस छोटे फार्मेट का सकारात्मक पक्ष भी है। इसी कारण फिटनेस में उच्चस्तरीय सुधार की शुरुआत हुई और क्षेत्ररक्षण का स्तर अचानक ऊपर उठा। 80 व 90 के दशक तक केवल दक्षिण अफ्रीका व ऑस्ट्रेलिया की टीमें ही अपनी फिटनेस व उच्चस्तरीय क्षेत्ररक्षण के लिए विख्यात थीं। किन्तु एकदिवसीय अन्तर्राष्ट्रीय व टी-20 क्रिकेट की शुरुआत के बाद सभी क्रिकेट टीमों की फिटनेस में आश्चर्यजनक सुधार हुआ व उनका क्षेत्ररक्षण का स्तर भी सुधरा। आज लगभग सभी देशों की टीमों के खिलाड़ी शारीरिक रूप से चुस्त-दुरुस्त नजर आते हैं व क्षेत्ररक्षण करते वक्त 'डाइव' यानी गोता लगाकर गेंद तो रोकते ही हैं, सीमा रेखा के पार छक्के के लिए जाती गेंद को भी अपना सन्तुलन बनाकर सीमा रेखा के भीतर रहते हुए एक हाथ से गेंद को सीमा रेखा के भीतर फेंककर व वापस सीमा रेखा के भीतर आकर खुद कैच ले लेते हैं या फिर कोई अन्य खिलाड़ी वह कैच ले लेता था। यह चमत्कार इस छोटे फार्मेट के क्रिकेट की ही देन है। वरना भारत में हमने ऐसा भी दौर देखा है जब प्रमुख गेंदबाज क्षेत्ररक्षण करने से इस कारण परहेज करते थे कि यदि उन्हें चोट लग गई तो गेंदबाजी पर विपरीत प्रभाव पड़ेगा। आज स्थिति इतनी बदल चुकी है कि अच्छा क्षेत्ररक्षण खिलाड़ी के चयन की पहली एवं अनिवार्य शर्त है।

कोरोना वायरस के कारण व्याप्त संकट के काल में सभी खेल गतिविधियाँ स्थगित हैं। अन्तर्राष्ट्रीय ही नहीं, राष्ट्रीय गतिविधियाँ भी थमी हुई हैं।

खिलाड़ी खुद को चुस्त-दुरुस्त रखने के लिए अपने-अपने घरों पर ही ट्रेनिंग कर रहे हैं और लॉकडाउन के इस लम्बे दौर में वे मैदानों पर जाकर भी खेलने का अभ्यास नहीं कर पाए हैं। लम्बे समय तक न खेलने का खेल पर प्रतिकूल प्रभाव पड़ता है। अब उन्हें मैदानों पर जाने की इजाजत तो मिली है पर बिना मैच खेले उनका खेल की लय प्राप्त करना मुश्किल ही होगा। इतिहास गवाह है कि किसी भी खिलाड़ी का खेल से दूर रहने के बाद वापसी करना कितना मुश्किल होता है।

क्रिकेट की अन्तर्राष्ट्रीय गतिविधियाँ बन्द हैं। ऑस्ट्रेलिया में अक्टूबर 2020 में खेले जाने वाले आई.सी.सी. टी-20 विश्वकप स्थगित कर दिया गया है। बड़ी शर्त खाली मैदान यानी दर्शकविहीन स्टेडियम में मैच कराना व विदेशी खिलाड़ियों को क्वारंटाइन में रखने की है। क्योंकि दर्शकों के बिना टी.वी. राइट्स व विज्ञापनों की आय उतनी नहीं होगी जितनी कि आई.पी.एल. में होती है। विदेशी दौरे भी बन्द हैं। क्रिकेट में पैसा ही दर्शक, प्रायोजक व टी.वी. राइट्स से आता है। आई.सी.सी. ही नहीं, विभिन्न बोर्ड व खिलाड़ी भी इन्हीं स्रोतों से पैसा कमाते हैं और यही पैसा क्रिकेट की गतिविधियों के संचालन में भी काम आता है। आई.पी.एल. में ही अधिक पैसा आता है। अतः खिलाड़ी भी चाहते हैं कि आई.सी.सी. टी-20 विश्वकप भले ही न हो, आई.पी.एल. तो होना ही चाहिए। आई.पी.एल. यदि बिना दर्शकों के भी खेला गया तो भी फायदे का सौदा होगा क्योंकि आई.पी.एल. में जितना पैसा दर्शकों से आता है वह प्रायोजकों व टी.वी. राइट्स की तुलना में नगण्य है। यदि आई.पी.एल. भी नहीं हुआ तो करोड़ों रुपयों में खरीदे गए खिलाड़ियों को वह धन नहीं मिलेगा और उन्हें बड़ी हानि होगी और अगर खिलाड़ी लम्बे समय तक खेल से दूर रहे तो उनकी ब्रांड वैल्यू भी कम होगी और विज्ञापनों में भी कम पैसे मिलेंगे। धोनी विगत एक वर्ष से अन्तर्राष्ट्रीय

क्रिकेट से दूर हैं और आज वे इक्के-दुक्के विज्ञापनों में ही नजर आते हैं। इशारा साफ है कि यदि क्रिकेट से दूर तो लोगों की स्मृति से भी दूर और विज्ञापनों में भी उतनी पूछ-परख नहीं। आज जो स्टार व ब्रांड वैल्यू विराट कोहली तथा रोहित शर्मा की है, वह किसी अन्य भारतीय खिलाड़ी की नहीं है। पर यदि ये भी साल या दो साल लोगों की आँखों से ओझल रहे तो इनकी भी कीमत कम हो जाएगी। ये भी यह बात जानते हैं तथा इसीलिए ये दोनों सोशल मीडिया पर सक्रिय हैं व कभी फोटो तो कभी कोई पोस्ट डालते रहते हैं ताकि वे लोगों की स्मृति में बने रहें। विज्ञापन कम्पनियाँ उन्हीं खिलाड़ियों पर पैसा लगाती हैं जो मैदान पर सक्रिय हों।

मार्केटिंग का चलन 2015 के बाद आया तभी अचानक खिलाड़ियों की मार्केट वैल्यू भी बढ़ी। वरना आई.पी.एल. तो 2008 में ही शुरू हो गया था। धीरे-धीरे ही छोटी-बड़ी कम्पनियाँ ही नहीं, कोचिंग संस्थानों व खाने-पीने की चीजें बनाने वाली व ऑनलाइन चीजें भेजने वाली कम्पनियों को भी विज्ञापन के बढ़ते प्रभाव ने आकर्षित किया। अतीत में 80 व 90 के दशक में कपिल देव पामोलिव शेविंग क्रीम व सुनील गावस्कर, गरवारे व दिनेश सूटिंग का यदा-कदा विज्ञापन करते थे।

यह जमाना ही हुनर बेचने का है। सभी अपने-अपने हुनर की अच्छी कीमत चाहते हैं। जो जितना बड़ा व अच्छा हुनरमन्द है उसे उतना ज्यादा पैसा मिलता है। फिर वह डॉक्टर हो, वकील हो, इंजीनियर हो, अभिनेता हो, कलाकार हो अथवा मैकेनिक। जिसका जितना अच्छा काम उतनी ही अच्छी वकत व कीमत। सभी की फीस उनकी ख्याति व काम के आधार पर तय होती है। तभी तो किसी की भी फीस एक-सी नहीं है। ऐसे में यदि खिलाड़ी भी अपने हुनर की कीमत वसूलना चाहते हैं तो क्या गलत है? विभिन्न खिलाड़ियों की शोहरत, उपलब्धि व फार्म के लिहाज से उनकी कीमत व फीस तय होती है। भारतीय क्रिकेट

कंट्रोल बोर्ड ने भी खिलाड़ियों की तीन श्रेणियाँ बनाकर उनसे अनुबन्ध किया है। विराट कोहली व रोहित शर्मा श्रेष्ठ श्रेणी में हैं। खिलाड़ी भी जानते हैं कि उनकी क्या क्षमता व सीमा है। विज्ञापन कम्पनियाँ भी अपने उत्पाद के प्रचार के लिए श्रेष्ठ मॉडल व एम्बेसेडर चाहती हैं। दरअसल वह निवेश करती हैं और उसकी तुलना में अधिक प्राप्ति की उम्मीद रखती हैं। क्रिकेट को बढ़ावा देना उनका असली उद्देश्य नहीं। क्रिकेट तो निवेश का माध्यम व बहाना मात्र है। आई.पी.एल. में भी खिलाड़ियों की ब्रांड वैल्यू के हिसाब से कीमत लगती है। यह मार्केटिंग की कला ही है जो जीवन के सभी क्षेत्रों में लोगों की हैसियत तय करती है। खिलाड़ी भी अपना हुनर बेचकर कमा रहे हैं। खेलना ही उनका हुनर है और कौन-सा खिलाड़ी किस हैसियत, स्तर व उपलब्धि के लिहाज से खरीदने वाली फ्रेंचाइजी को कितना लाभकारी लगता है, यह बाजार तय करता है। माँग और उपलब्धि का नियम यहाँ भी लागू होता है।

अब क्रिकेट सिर्फ एक खेल ही नहीं रहा। आई.पी.एल. की मार्केटिंग ने उसे मनोरंजन के तड़के के साथ एक उद्योग में बदल दिया है। चियर गर्ल्स भी हैं, खेलते-खेलते मैदान में बाहर के लोगों से बातचीत भी है, खाना-पीना भी है और साथ ही थोड़ा क्रिकेट भी।

खिलाड़ी जो ड्रेस पहनते हैं उस पर विभिन्न कम्पनियों के स्लोगन लगे होते हैं और हेलमेट व बल्ले पर भी स्लोगन होता है और इन सभी में खिलाड़ियों को अच्छा पैसा मिलता है। पर स्मरण रहे कि आई.पी.एल. का सारा पैसा खिलाड़ियों को नहीं मिलता। भारतीय क्रिकेट कंट्रोल बोर्ड को भी काफी धन मिलता है और उसी से वह विभिन्न क्रिकेट गतिविधियाँ चलाता है तथा पूर्व टेस्ट एवं पूर्व रणजी खिलाड़ियों को पेंशन भी देता है।

करीब 425 साल से खेले जा रहे इस खेल का समृद्धशाली इतिहास व परम्परा है। इस बीच इसने अनेक संकट व बाधाओं को पार किया

है। 1932 में बॉडी लाइन श्रृंखला, फिर चकिंग व ड्रेगिंग को लेकर उठे विवाद, कैरी पैकर की दौलत की ताकत पर अपने टेलीविजन चैनल नं. 9 के लिए रंगीन कपड़े व फ्लड लाइट तथा सफेद गेंद से खेली गई सुपर टेस्ट श्रृंखला, तत्पश्चात् 2000 में उठे मैच फिक्सिंग व फिर स्पॉट फिक्सिंग विवाद और द्वितीय विश्वयुद्ध के दौरान टेस्ट क्रिकेट स्थगित रहा, पर इस रुकावट के बावजूद क्रिकेट ने सभी बाधाओं को पार कर अपनी लोकप्रियता कायम रखी है। अत: कोरोना के कारण आए व्यवधान को भी यह खेल, अतीत की बाधाओं की तरह बखूबी पार करेगा।

महेन्द्र सिंह धोनी

सुनील गावस्कर

गुंडप्पा विश्वनाथ

क्रिस केर्न्स

ए बी डिविलियर्स

कॉलिन ब्लेंड

आंद्रे रसल

शाकिब अल हसन

क्रिस गेल

क्रिकेट के महानायक

ऐसा माना जाता है कि क्रिकेट की शुरुआत कैंट और ससेक्स में एक ग्रामीण व दिन की रोशनी में खेले जाने वाले खेल के रूप में हुई। कालान्तर में वह समूचे इंग्लैंड के शहरों में पहुँचा व फिर एक अन्तर्राष्ट्रीय खेल बना। यह सब करीब सवा चार सौ वर्षों में हुआ। पहले खेलने के अवसर कम थे, मैच बहुत कम होते थे। अतः टेस्ट क्रिकेट की उपलब्धियाँ भी कम थीं। धीरे-धीरे टेस्ट मैचों की संख्या में वृद्धि होती गई, खिलाड़ियों को अधिक मैच खेलने का मौका मिलने लगा। अतः स्वाभाविक रूप से उनकी उपलब्धियाँ भी बढ़ती गईं। अधिक रन बनने लगे, अधिक शतक लगने लगे व अधिक विकेट भी लिए जाने लगे। यह सब खेल के क्रमिक विकास का ही हिस्सा है। 1980 के दशक में दिन के उजाले में व सफेद कपड़ों में लाल गेंद से खेला जाने वाला यह खेल फ्लड लाइट में, सफेद गेंद व रंगीन कपड़ों में जब खेला जाने लगा तो यह कैरी पैकर के व्यावसायिक व मार्केटिंग के हुनर में प्रवीण होने का ही प्रमाण था। इसके बाद 1975 से सीमित ओवर के एकदिवसीय क्रिकेट की विश्वकप स्पर्धा होने लगी और फिर क्रिकेट की लोकप्रियता में अचानक इजाफा हुआ। यही नहीं, टी-20 क्रिकेट व उसका भी विश्वकप खेला

जाने लगा, आई.पी.एल. की शुरुआत हुई और अब टी-10 भी शुरू हो चुका है। यानी यह सब इस खेल की तरक्की व उसके गतिशील यानी डायनेमिक होने का ही प्रमाण है।

हर क्रिकेट राष्ट्र में हर समय में कुछ ऐसे सुपर सितारा खिलाड़ी हुए जिन्होंने अपने विलक्षण खेल व स्वभाव से खेल की गरिमा बढ़ाई। डॉक्टर डब्ल्यू.जी. ग्रेस इंग्लैंड के पहले ऐसे सुपर सितारा खिलाड़ी थे। उन्होंने अपने चमत्कारिक व्यक्तित्व के प्रभाव से क्रिकेट को एक वैज्ञानिक खेल में बदल दिया। करिश्माई व्यक्तित्व के धनी ग्रेस अपनी शर्तों पर ही खेलते थे। यह उनके व्यक्तित्व का प्रभाव ही था कि अम्पायर उन्हें आउट देने से डरते थे। उनके साथ अनेक दिलचस्प व सच्ची-झूठी किंवदंतियाँ जुड़ी हुई हैं। मसलन कैसे जब अम्पायर ने उन्हें स्टम्प आउट दे दिया तो वे तुनककर उससे बोले कि दर्शक उनकी बन्दरनुमा हरकतें देखने के लिए नहीं, उनका शतक देखने के लिए आए हैं।

बीसवीं सदी में 'गुगली' व सीम के प्रभावकारी व सफल उपयोग की तकनीक का विस्तार हुआ। इसी के साथ क्रिकेट पर लिखी किताबों व लेखों का सिलसिला भी शुरू हुआ और करीब 200 पुस्तकें छपीं। हेमंड, हॉब्स, हटन, काम्पटन, पीटर मे, काउड्री, बॉयकॉट व गूच जैसे बल्लेबाज और लारवुड, ट्रूमेन, स्टेथम, बॉब विलिस, फ्रेंक टायसन व एंडरसन, बेडसर जैसे तेज व लेकर, लॉक व हॉक व अंडरवुड जैसे स्पिन गेंदबाज विश्व क्रिकेट की धरोहर हैं। किन्तु इयान बॉथम के बाद केवल ऐंड्रयू फ्लिंटॉफ ही विश्वस्तरीय ऑलराउंडर के रूप में उभरकर सामने आए। बॉडी लाइन, थ्रोइंग, ड्रेगिंग के बाद कैरी पैकर ने क्रिकेट के सामने संकट पैदा किया। यह संकट 2 विश्वयुद्धों के अवरोध जैसा ही था। किन्तु क्रिकेट इन सबसे उबरकर और निखरा। 1975 से लेकर 1992 तक 8 विश्वकप प्रतियोगिताएँ खेली गईं। किन्तु लम्बे अरसे से

सीमित ओवर की एकदिवसीय क्रिकेट स्पर्धा खेले जाने के बावजूद वह 8 में से एक भी विश्वकप नहीं जीत पाया। वर्तमान में जो रूट, मोर्गेन व वेस्ट इंडियन मूल के ऑर्चर ही उसके उल्लेखनीय खिलाड़ी हैं। निजी उपलब्धियों में फ्रेडी ट्रूमेन के तीन सौ टेस्ट विकेटों का विश्व कीर्तिमान व बॉयकॉट का 8 हजार टेस्ट रन बनाकर यह गौरव प्राप्त करने का कीर्तिमान उल्लेखनीय है। बाद में ये दोनों ही कीर्तिमान टूटे। कीर्तिमान बनते ही टूटने के लिए हैं। ट्रूमेन कहते थे कि भविष्य में जो भी गेंदबाज उनके तीन सौ टेस्ट विकेट के विश्व कीर्तिमान को तोड़ेगा, वह बेहद थका हुआ व टूटा हुआ होगा। किसे मालूम था कि अतीत का यह डर थोथा साबित होगा व भविष्य में आठ सौ, सात सौ व छह सौ टेस्ट विकेट लेने वाले गेंदबाज भी होंगे व 10 ही नहीं 15 हजार टेस्ट रन व टेस्ट व एकदिवसीय क्रिकेट दोनों को मिलाकर 100 टेस्ट शतक बनाने वाले सचिन तेंदुलकर सभी कीर्तिमानों को तोड़कर नया इतिहास रचेंगे। यही तो क्रिकेट की प्रगति है कि ज्यादा अवसर यानी ज्यादा मैच यानी ज्यादा रन व विकेट। इंग्लैंड क्रिकेट का जन्मदाता तो है पर वह यदि इस खेल पर बादशाहत कायम नहीं रख पाया तो यह इस खेल की ही खूबी ही मानी जानी चाहिए। कोई भी खेल कभी एक देश की जागीर नहीं होता। लगातार इस या उस देश का दबदबा बनना ही खेल को जीवंत व गतिशील बनाता है। वरना एकरूपता तो उसका मूल स्वभाव ही खत्म कर देगी।

ऑस्ट्रेलिया ही क्रिकेट का प्रमुख दूसरा देश रहा है। इंग्लैंड की ही तरह ऑस्ट्रेलिया में भी क्रिकेट की विधिवत् शुरुआत कब हुई, इसकी कोई अधिकृत जानकारी नहीं है। दरअसल ऑस्ट्रेलियाई क्रिकेट इंग्लैंड क्रिकेट का ही विकसित स्वरूप है। शालीनता, परम्परा और सौम्यता यदि इंग्लैंड की चारित्रिक विशेषता है तो ऑस्ट्रेलिया की खासियत है

उग्रता व आक्रामकता। मौज-मस्ती का माहौल, चारों ओर खुला समुद्र और पर्याप्त बल्कि अधिक जमीन ऑस्ट्रेलिया की विशेषता है। इन सबने उसके क्रिकेट को भी सँवारा व प्रभावित किया है। दरअसल ऑस्ट्रेलिया व अमेरिका में इंग्लैंड से निकाले गए लोग ही बसे हैं। मेलबोर्न, एडिलेड, सिडनी व पर्थ उसके प्रमुख क्रिकेट मैदान रहे हैं। महान ब्रेडमेन जहाँ अपने टेस्ट औसत व रनों की भूख के लिए श्रेष्ठता का मापदंड रहे हैं, वहीं कीथ मिलर, डेविडसन व रिची बेनो अपने ऑलराउंडर खेल से आदर्श माने जाते हैं तथा इयान हार्वे अपनी कलात्मक बल्लेबाजी तथा लिंडवाल, थॉमसन, मेकेंजी व कालान्तर में मेग्रा तेज गेंदबाजी तथा रिची बेनो, ओ रेली, ग्रिमेट, शेन वार्न जैसे कलाई मोड़कर स्पिन कराने वाले 'रिस्टस्पिनर' व व्हिक्टर ट्रम्पर जैसे कलात्मक शैली के आकर्षक बल्लेबाज व मार्श व गिलक्रिस्ट जैसे विकेटकीपर अन्तर्राष्ट्रीय स्तर पर सराहे गए। बाद में इयान चैपल व ग्रेग चैपल तथा सिंपसन, स्टीव वॉ, रिकी पोंटिंग व मैथ्यू हेडन की बल्लेबाजी की धाक रही।

मार्क व स्टीव वॉ, मैथ्यू हेडन, शेन वार्न, मेग्रा तथा गिलक्रिस्ट के खेल से निवृत्त हो जाने के बाद ऑस्ट्रेलियाई टीम की ताकत भी घटी व उसका प्रदर्शन प्रभावित हुआ। भारत, दक्षिण अफ्रीका व न्यूजीलैंड की टीमें भी उसे हराने लगीं। टेस्ट क्रिकेट में सर्वाधिक रनों का कीर्तिमान एलन बॉर्डर के नाम था, जिसे तेंदुलकर ने तोड़ा और सर्वाधिक टेस्ट विकेट का कीर्तिमान कभी हेडली, फिर कपिल व फिर वाल्श के नाम था। अब मुरलीधरन 800, शेन वार्न 700 तथा अनिल कुंबले 600 से अधिक टेस्ट विकेट लेकर सबसे आगे हैं। इसी परस्पर प्रतिस्पर्धा में ही तो खेल का आनन्द व आकर्षण है।

दक्षिण अफ्रीका में क्रिकेट तो 18वीं सदी के उत्तरार्ध से होता रहा था। लेकिन 2000 के उत्तरार्ध में ही उसे अन्तर्राष्ट्रीय पहचान मिली।

किन्तु रंगभेद व नस्लवाद के कारण उसे 22 साल तक अन्तर्राष्ट्रीय क्रिकेट बिरादरी से बाहर रहना पड़ा। नतीजतन उसके बैरी रिचर्ड्स, माइक प्रॉक्टर, ए.डी. बार्लो, ग्रीम पोलॉक जैसे उच्चस्तरीय खिलाड़ियों को टेस्ट क्रिकेट से वंचित रहना पड़ा व विश्व के लोग उन्हें उनके शबाब पर रहते खेलते हुए देख ही नहीं पाए।

1992 में उसकी टेस्ट बिरादरी में वापसी हुई। 1992 के विश्वकप में उसने अपनी उपस्थिति प्रभावशाली तरीके से दर्ज करवाई और एक जुझारू टीम के रूप में जानी जाने लगी। उसकी टीम में कोई विश्व रिकार्डधारी खिलाड़ी नहीं था फिर भी मिल-जुलकर उसके खिलाड़ी एक ताकतवर टीम खड़ी कर पाए। हेंसी क्रोनिए, एलन डोनाल्ड, शॉन पोलॉक, गैरी कर्स्टर्न, जैक कालिस, जोंटी रोड्स, हर्शल गिब्स एवं क्लूजनर उसके आधुनिक हीरो रहे। क्रोनिए कभी विश्व क्रिकेट के सर्वाधिक अनुशासित, व्यवस्थित एवं दिमागी कप्तान माने जाते थे, मगर मैच फिक्सिंग के विवाद में घिरकर अपनी सारी साख गँवा बैठे। फिर किंग आयोग, प्रेस तथा अपने पादरी के सामने लगातार अपने बयान बदलते रहे और नतीजतन क्रिकेट प्रेमियों की सहानुभूति भी खो बैठे। कभी नायक रहे क्रोनिए सहसा खलनायक बन गए और उनके मित्र व करीबी दोस्त भी उनसे कन्नी काटने लगे। अन्ततः 2002 में वे विमान दुर्घटना में मारे गए।

कभी डोनाल्ड, डेल स्टेन, पोलाक व कैलिस उसके प्रमुख गेंदबाज थे। अब रबाडा, निगिडी, नोटेज, प्रिटोरियस तेज गेंदबाजी के स्तंभ हैं। अमला व प्रतिभाशाली ए.बी. डिविलियर्स की निवृत्ति की घोषणा से उसकी बल्लेबाजी का सन्तुलन जरूर खराब हुआ है। वरना वे एकदिवसीय क्रिकेट में तो विश्व के सर्वश्रेष्ठ बल्लेबाज थे। फील्डिंग, विकेटकीपिंग और यहाँ तक कि कभी-कभार गेंदबाजी भी करके वे एक

साथ चार खिलाड़ियों की जिम्मेदारी उठाया करते थे।

दबाव में अक्सर बिखर जाने की कमजोरी की वजह से दक्षिण अफ्रीकी टीम पर 'चोकर' का तमगा लग चुका है। परन्तु उसके क्षेत्ररक्षण का स्तर उच्चस्तरीय है। जोंटी रोड्स को सिर्फ उनके क्षेत्ररक्षण के आधार पर सुपर सितारा खिलाड़ी होने का तमगा प्राप्त है।

न्यूजीलैंड में क्रिकेट तो करीब 160 वर्षों से खेला जाता रहा है फिर भी उसे 110 वर्ष टेस्ट दर्जा प्राप्त करने में लग गए। 1979 के प्रूडेंशियल विश्वकप में सेमीफाइनल तक पहुँचने वाली न्यूजीलैंड की टीम ने 1974 में ऑस्ट्रेलिया व 1978 में इंग्लैंड को बुरी तरह पराजित कर अपनी ताकत का अहसास करवाया।

न्यूजीलैंड ने विश्व क्रिकेट को कई बेहतरीन खिलाड़ी दिए जिनमें रिचर्ड हेडली, टर्नर, कांगडन, हॉवर्थ, मार्टिन क्रो प्रमुख हैं। फ्लेमिंग, सरक्लिफ व जॉन रीड का उल्लेख भी जरूरी है। रीड के एक ही पारी में 15 छक्कों का विश्व कीर्तिमान आज भी कायम है। मैरिट ने एक स्पिनर होने के बावजूद 1931 में एम.सी.सी. के खिलाफ नई गेंद से गेंदबाजी करते हुए 28 रनों पर 7 विकेट लेकर तहलका मचा दिया था।

बॉथम के सर्वाधिक टेस्ट विकेट के विश्व कीर्तिमान को तोड़कर रिचर्ड हेडली ने 431 टेस्ट विकेट लेकर नया विश्व कीर्तिमान बनाया था। फिर कपिल देव ने इसे तोड़ा और यही सिलसिला चलता रहा। मगर तब यह एक बड़ी उपलब्धि थी। वर्तमान में रॉस टेलर, विलियम्सन, साउदी व बोल्ट उसके प्रमुख खिलाड़ी हैं। शेन बांड से एक तेज गेंदबाज के रूप में बहुत उम्मीद थी। पर वे रिटायर हो गए। 1956 में वेस्टइंडीज को हराकर न्यूजीलैंड ने पहली टेस्ट विजय प्राप्त करके सभी को चौंका दिया था और इसके 18 साल बाद उसने ऑस्ट्रेलिया को मात दी। न्यूजीलैंड के लिए टर्नर ने पहली पारी में 101 व दूसरी पारी में नाबाद 110 रन बनाए

और इस तरह एक टेस्ट की दोनों पारियों में शतक लगाया। इसी टेस्ट में ऑस्ट्रेलिया के कप्तान इयान चैपल ने टर्नर के साथ गाली-गलौच की जिसकी सभी ने तीखी आलोचना की। शारीरिक व्याधियों व तकलीफों के बाद भी जिस तरह रिचर्ड हेडली ने रफ्तार कम करके लाइन व लेंथ पर ध्यान केन्द्रित किया व खेलना जारी रखते हुए 400 टेस्ट विकेट पूरे करके विश्व में सर्वाधिक टेस्ट विकेट लेने वाले गेंदबाज बने वह वाकई अद्‌भुत था। क्रिस केर्न्स उसके दूसरे विश्वस्तरीय ऑलराउंडर थे।

ऑकलैंड, केंटरबरी, ओटेगा, वेलिंगटन उसके प्रमुख क्रिकेट केन्द्र हैं।

वेस्टइंडीज कोई देश नहीं है। मैक्सिको की खाड़ी में द्वीप समूहों की शृंखला है जिसे ब्रिटिश वेस्टइंडियन द्वीप समूह कहते हैं। इनमें बारबेडोज है, ब्रिटिश गयाना है, ऐंटीगुआ है, सेंट लुसिया है और सेंट विंसेट है, जैबा है। कुल मिलाकर वही उसके प्रमुख क्रिकेट केन्द्र हैं। गयाना, बारबेडोज, त्रिनिदाद और जमैका। क्रिकेट खेलने के लिए ये सभी मिलकर वेस्टइंडीज टीम बनाते हैं। वेस्टइंडीज का नाम लेते ही ऐसे मजबूत कद-काठी के अलमस्त खिलाड़ियों का चित्र उभरता है जो हार-जीत की फिक्र किए बिना आक्रामक व आकर्षक क्रिकेट खेलने में यकीन करते हैं। गायन, वादन, नृत्य व खेल उसकी चारित्रिक विशेषताएँ हैं। खेलों में भी वे या तो रग्बी खेलते हैं या बॉक्सिंग या बॉस्केटबॉल या फिर क्रिकेट। वहाँ के आम दर्शक तक खेल में पूरी तरह डूबकर खेल देखते हैं व बाकायदा क्रिकेट प्रशिक्षक की भूमिका में खिलाड़ियों को सीख देते हैं। वैसे बाउंसर फेंकना और उसे हुक करना उन्हें विशेष रूप से प्रिय है।

स्वाभाविक सहजता और अद्वितीय प्रतिभा के कारण वेस्टइंडीज के खिलाड़ी निजी रूप से तो बहुत लोकप्रिय रहे व इंग्लैंड की काउंटी क्रिकेट में भी खेलते रहे किन्तु एक टीम के रूप में सँवरने में उन्हें काफी

इन्तजार करना पड़ा। कारण यही था कि संचालक मंडल होने के बावजूद वहाँ के सभी स्थान एक-दूसरे से बहुत दूर हैं और वायुयान ही एकमात्र आने-जाने का साधन है जो कि बहुत महँगा है। इसके अलावा एक स्थान से दूसरे स्थान में आने-जाने के लिए वीसा भी लेना होता है। 1935 के आसपास ही वेस्टइंडीज की टीम एक टीम के रूप में परिपक्व हो पाई। उसके शुरुआती दौर के खिलाड़ियों में लैरी कांस्टनटाइन और जार्ज हेडली के नाम विशेष रूप से उल्लेखनीय हैं। लैरी कांस्टनटाइन ने 1925-26 में एम.सी.सी. के खिलाफ एक हजार रन भी पूरे किए व सौ विकेट भी लिए और एक स्तरीय ऑलराउंडर के तौर पर सभी का ध्यान आकर्षित किया। उनके पिता भी एक अच्छे बल्लेबाज़ थे, उन्हें लॉड्र्स पर शतक बनाने वाले पहले वेस्टइंडियन होने का गौरव प्राप्त था। जार्ज हेडली ने 1930 में सिर्फ 20 की उम्र में ही एम.सी.सी. के खिलाफ 3 शतक लगाए तथा जार्जटाउन के टूटते व खराब हो चुके विकेट पर बेहतरीन बल्लेबाजी की। चालीस के दशक के पूर्वार्ध में ही हेडली परिपक्व हो चुके थे। 1939 के इंग्लैंड दौरे में लॉड्र्स में ऐतिहासिक मैदान पर हेडली ने दोनों पारियों में शतक लगाया। हेडली जीते-जी ही एक जीवित किंवदंती बन चुके थे। पर वेस्टइंडीज टीम का सही अन्तर्राष्ट्रीय आकलन 1950 के बाद ही हो पाया। दूसरे विश्वयुद्ध के बाद 1947-48 में भारत यात्रा पर आई वेस्टइंडीज टीम के वीक्स ने प्रथम चार टेस्ट मैचों में लगातार शतक लगाए पर अपनी छठी टेस्ट पारी में वे 90 पर आउट हो गए। फिर भी 5 टेस्ट पारियों में लगातार शतक लगाने का उनका कीर्तिमान अद्भुत रहा। इसी वर्ष 3 जून, 2020 को उनका निधन हुआ। वीक्स, वारेल व वॉलकाट को क्रिकेट की दुनिया में 'श्री डब्ल्यू' के नाम से जाना गया। ये तीनों ही बारबेडोज के थे। वॉरेल के खेल में शालीनता व 'स्टाइल' थी, वीक्स के खेल में ताकत व गेंदबाजी पर टूट पड़ने की क्षमता थी तो

वॉलकाट में खेल में दानवी शक्ति का अद्‌भुत पराक्रम था। 1950 में इस त्रिमूर्ति की ताकत को क्रिकेट जगत ने महसूस किया। कॉली स्मिथ व गैरी सोबर्स के रूप में वेस्टइंडीज को दो विश्वस्तरीय ऑलराउंडर मिले। स्मिथ एक आकर्षक खिलाड़ी व उम्दा इंसान थे पर एक कार दुर्घटना में उनकी असामयिक मृत्यु हो गई। अकेले सोबर्स ही विश्व के एकमात्र श्रेष्ठ ऑलराउंडर बचे और कीथ मिलर के बाद उन्हें ही अब तक का श्रेष्ठ ऑलराउंडर माना जाता है। सन्नी रामाधीन, वेलेंटाइन व लांस गिब्स के रूप में उसे उच्चस्तरीय स्पिन गेंदबाजों की सेवाएँ मिलीं। वेस्टइंडीज को सच्चे अर्थों में एक ताकतवर व जुझारू व आदर्श टीम बनाने में फ्रेंक वॉरेल का सर्वाधिक महत्त्वपूर्ण योगदान रहा। एक कप्तान के रूप में तब भी उन्हें आदर्श माना गया तथा आज भी उनकी कप्तानी के किस्से बड़े चाव से सुने व सुनाए जाते हैं। उन्होंने सोबर्स व कन्हाई के बीच चल रही प्रतिस्पर्धा को ईर्ष्या एवं निजी प्रतिद्वंद्विता में बदले जाने से रोका। साथ ही साबित किया कि कैसे खेल भावना व नियमानुसार खेले जाने से भी उच्चस्तरीय प्रतिस्पर्धात्मक क्रिकेट खेला ज़ा सकता है। 1960-61 में उन्हीं की कप्तानी में वेस्टइंडीज की टीम ऑस्टेलिया गई और रिची बेनो की कप्तानी में ऑस्ट्रेलियाई टीम से 2 टेस्ट हारने के बाद टेस्ट जीती और अन्तिम टेस्ट रोमांचक अन्दाज में 'टाई' हुआ। वह टेस्ट इतिहास का पहला 'टाई' टेस्ट था। मेलबोर्न में 50 हजार दर्शकों ने इस ऐतिहासिक टेस्ट का मजा लिया। बेनो और वॉरेल दोनों ही इस रोचक मुकाबले के सूत्रधार रहे और जब टीम बिदा हो रही थी तब ऑस्ट्रेलियाई क्रिकेट प्रेमियों ने सड़क के दोनों ओर खड़े होकर वेस्टइंडीज टीम को बिदा किया। वॉरेल की आँखें भी डबडबा गईं। सकारात्मकता, खेल भावना व आकर्षक एवं रोमांचक खेल ने क्रिकेट को नई ऊँचाइयाँ दीं। दुर्भाग्यवश वॉरेल 'ल्यूकेमिया' यानी 'ब्लड कैंसर' के शिकार हो गए और उनका

असमय निधन हो गया। क्रिकेट ने अपना आदर्श 'एम्बेसेडर' खो दिया। लेकिन 1963 के इंग्लैंड दौरे में वॉरेल की कप्तानी में ही वेस्टइंडीज ने पहली बार इंग्लैंड के खिलाफ टेस्ट श्रृंखला जीती थी। यह वॉरेल का सपना भी था जो उन्हीं की कप्तानी में पूरा हुआ। टीम ने अपने साहसिक एवं आकर्षक खेल से असीम लोकप्रियता प्राप्त की। वॉरेल को 'सर' की उपाधि से नवाजा गया। वॉरेल की निवृत्ति के बाद उन्हीं की इच्छानुसार सोबर्स को कप्तान बनाया गया। 1964-65 में ऑस्ट्रेलिया के खिलाफ घरू श्रृंखला वेस्टइंडीज ने जीत तो ली लेकिन ग्रिफिथ की गेंदबाजी के एक्शन विवादास्पद बने। उनके पक्ष में कहा गया कि 1963 में इंग्लैंड यात्रा के दौरान उन पर किसी ने शक नहीं किया था, पर बतौर पत्रकार यात्रा कर रहे रिची बेनो की मान्यता थी कि तेज गेंदबाज ग्रिफिथ 'चक' यानी 'थ्रो' करते थे। आपको याद होगा कि भारतीय कप्तान नरी कांट्रेक्टर भी ग्रिफिथ की ऐसी ही एक 'एक्स्ट्रा फॉस्ट' गेंद से घायल हुए थे।

सोबर्स यकीनन क्रिकेट जगत के सार्वकालिक महान ऑलराउंडर्स में अग्रणी हैं, लेकिन बतौर कप्तान वे कोई छाप नहीं छोड़ पाए। उनकी निजी सफलताओं का ग्राफ ऊँचा होता गया। 1966 में इंग्लैंड दौरे पर सोबर्स ने 4 में से 3 टेस्ट में शतक लगाए और 20 विकेट भी आकर लिए। फिर 1966-67 में भारत जाकर 3 टेस्ट की श्रृंखला 2-0 से जीती। लेकिन 1967 से लेकर 1973 तक वेस्टइंडीज टीम 31 में से मात्र 2 टेस्ट जीत पाई थी। यह स्थिति न तो सोबर्स जैसे विश्वस्तरीय ऑलराउंडर के लिए अच्छी थी और न ही विजेता की छवि वाले कप्तान के लिए।

1968-69 तक वेस्टइंडीज अपने पुराने घोड़ों पर ही भरोसा करता रहा। सोबर्स लम्बे समय से उसकी सफलता का मुख्य स्रोत रहे थे, पर शायद अब उनका क्रिकेट से मोहभंग हो चुका था, 1970 की गर्मियों में सोबर्स ने इंग्लैंड के खिलाफ शेष विश्व एकादश का नेतृत्व किया पर

बीच में ही ऐंडी बार्लो का निमंत्रण मिला और वे बिना इजाजत रोडेशिया चले गए और ऊपर से उन्होंने रोडेशिया के प्रधानमंत्री इयान स्मिथ की खूब तारीफ करके विवाद को और बढ़ा दिया। गुयाना के प्रधानमंत्री फोर्बेस बर्नहम इस पर नाराज हुए और उन्होंने उनसे यहाँ तक कहा कि वे भविष्य में गुयाना न आएँ। यह बारबेडोज को बुरा लगा। 1970 में वेस्टइंडीज बोर्ड की एक आपात बैठक हुई और उसमें तय हुआ कि सोबर्स एक बयान दें कि उन्हें अपनी रोडेशिया की यात्रा को लेकर उठने वाले विवाद का पूर्वानुमान नहीं था वरना वे न जाते। बर्नहम ने यह बयान स्वीकार कर लिया तथा स्थिति सामान्य हो गई। 1973-74 के लिए कन्हाई कप्तान बनाए गए। पर फिर क्रान्तिकारी निर्णय लेकर युवा क्लाइव लायड को कप्तान बनाया गया।

1974-75 के भारत दौरे से लायड ने शुरुआत की और वेस्टइंडीज को अनेक सफलताएँ मिल पाईं। 1975 का पहला विश्व कप वेस्टइंडीज ने उन्हीं की कप्तानी में जीता। लेकिन 1975-76 के जाड़ों में उनकी टीम ऑस्ट्रेलिया से 5-1 के अन्तर से पराजित हुई। 1976 में वे टीम लेकर इंग्लैंड गए और यह दौरा सफल रहा और उनकी टीम ने इंग्लैंड को आसानी से शिकस्त दी। लॉयड, रिचर्ड्स, कालीचरण और फ्रेडरिक्स ने अच्छी बल्लेबाजी की और माइकल होल्डिंग, ऐंडी रॉबर्ट्स ने तेज गेंदबाजी की कमान सँभाली। लॉयड ने अपनी तेज गेंदबाजी को ही हथियार बनाकर तूफानी गेंदबाजी के आतंक से समूचे क्रिकेट जगत को विचलित कर दिया। क्राफ्ट, गार्नर, किंग, रॉबर्ट्स, होल्डिंग, मार्शल, वाल्श, बिशप जैसे तूफानी गति के गेंदबाज एक ही समय पर उपलब्ध रहे और कई बार तो टीम 5 तेज गेंदबाजों के साथ मैदान पर उतरी। नतीजतन गेंदबाजों को तो समय-समय पर विश्राम मिलता रहा पर बल्लेबाजों को मजबूरन लगातार तेज गेंदबाजों का सामना करना पड़ा।

इंग्लैंड व ऑस्ट्रेलियाई खिलाड़ियों को भी इनके सामने खेलने में परेशानी बनी रही। जिस देश के पास जिस किस्म के अच्छे गेंदबाज होते हैं, वह देश उसी की ताकत पर खेलता व सफल होता है। स्पिन गेंदबाजी कभी वेस्टइंडीज की ताकत नहीं रही। अत: तेज गेंदबाजी के दम पर ही उसने अपनी विजय का डंका बजाया। कैरी पैकर के कारण वैसे ही वेस्टइंडीज व ऑस्ट्रेलिया दोनों को ही आर्थिक हानि हुई थी। अत: कालीचरण के स्थान पर 1979 में फिर से लॉयड को कप्तान बनाया गया। 1979 का यह दूसरा विश्वकप भी लॉयड की कप्तानी में ही वेस्टइंडीज ने जीता। क्रिकेट जगत हैरान था कि बल्लेबाजों को लगभग एक ही रफ्तार, स्तर व आक्रामक गेंदबाजों का लगातार सामना करना पड़ रहा था। अधिकांश अवसरों पर तो लॉयड की टीम को पहली पारी के बाद दूसरी पारी ही खेलने को नहीं मिल पाती थी। रिचर्ड्स, लॉयड, ग्रीनिज व हेंस के साथ खुद लायड इतना बड़ा स्कोर खड़ा कर देते थे कि उनके तूफानी गति के गेंदबाज उससे कम में ही प्रतिस्पर्धी टीम को दो बार आउट कर देते थे। केवल दो बार ही लॉयड की योजना असफल हुई और टीम को पराजित होना पड़ा। एक बार सिडनी में लेग स्पिनर बॉब हॉलैंड के सामने और दूसरी बार ऑस्ट्रेलिया से लौटते हुए न्यूजीलैंड में 1983 के विश्वकप फाइनल में उसे भारत ने परास्त किया। फिर 2003 तक तो वह विश्वकप फाइनल में भी नहीं पहुँची।

धीरे-धीरे उसके सभी धुरंधर खिलाड़ी निवृत्त हो गए और चूँकि उन्हीं के स्तर के खिलाड़ी मिल नहीं पाए इस कारण टीम की हालत इंग्लैंड की तरह दयनीय हो गई। केवल ब्रायन लारा ही अन्तर्राष्ट्रीय स्तर पर सुर्खियाँ बटोर सके। 1994 में इंग्लैंड के खिलाफ उन्होंने एक टेस्ट पारी में 375 रनों का विश्व कीर्तिमान बनाया। वारविकशायर के खिलाफ एक पारी में नाबाद 501 रनों का प्रथम श्रेणी का विश्व कीर्तिमान भी उन्हीं के नाम

पर है और इसके बाद एक टेस्ट पारी में चार सौ रनों का विश्व कीर्तिमान भी उन्हीं ने बनाया। अब वे भी निवृत्त हो गए हैं। वर्तमान में उनकी टीम में ऐसा कोई खिलाड़ी नहीं है जो अन्तर्राष्ट्रीय स्तर पर लोकप्रिय हो। क्रिस गेल में सम्भावनाएँ बहुत थीं पर वे खेल पर ध्यान केन्द्रित नहीं रख पाए। पोलार्ड, आंद्रे रसेल व होल्डर में यदा-कदा ही अच्छा प्रदर्शन करने का माद्दा है। अच्छे स्तर के क्रिकेट खिलाड़ी उभरकर सामने न आ पाने की वजह शायद यही है कि वेस्टइंडीज का युवा वर्ग क्रिकेट की बजाय रग्बी व बॉस्केटबॉल की ओर अधिक आकर्षित हो रहा है। और वहाँ का क्रिकेट बोर्ड भी अब अधिक सक्रियता से क्रिकेट को प्रोत्साहन नहीं दे पा रहा।

अमेरिकनों को जितना ताज्जुब अंग्रेजों के क्रिकेट प्रेम पर होता है, उससे कहीं ज्यादा उन्हें हैरत भारतीयों की क्रिकेट के प्रति दीवानगी को लेकर होती है। भारत ही एकमात्र ऐसा क्रिकेट राष्ट्र है जहाँ कोलकाता के ईडन-गार्डन्स पर उस मैच के लिए भी एक लाख से ज्यादा दर्शक उमड़ पड़ते हैं, जिसमें भारत खेल रहा हो। भारत के प्रमुख क्रिकेट केन्द्रों पर नकली टिकट तक बिक जाते हैं—खासकर एकदिवसीय टी-20 के मैचों में। देश भर में लोग टेलीविजन पर सीधा प्रसारण देखते मिलते हैं। लगता है जैसे देश में अघोषित कर्फ्यू लग गया हो। जब किसी बल्लेबाज के बल्ले के बीच से ठीक टाइमिंग से किए गए प्रहार से जो वायलिन ध्वनि निकलती है या किसी स्पिनर द्वारा बल्लेबाज को नाचते हुए देखकर जो आनन्द आता है यह वही जानता है जिसे क्रिकेट की समझ और शौक हो। कहा जाता है कि भारत में क्रिकेट की शुरुआत 1721 के आसपास हुई और ब्रिटिश नाविक ही इस खेल को भारत लाए। भारत में पारसियों ने ही इसे सबसे पहले अपनाया। 1877 में जब पारसियों की टीम ने यूरोपियंस एकादश को हरा दिया, इससे उत्साहित होकर उन्होंने

ऑस्ट्रेलिया जाने की योजना बनाई। उनकी टीम ऑस्ट्रेलिया तो नहीं जा पाई, पर 1886 में इंग्लैंड जरूर गई। इसके बाद 1895 से यूरोपियंस एकादश व पारसी एकादश के बीच सालाना मैच शुरू हुए। ये दोनों टीमें प्रेसीडेंसी मैचों में एक-दूसरे के खिलाफ खेल ही रहे थे, रणजीत सिंह जी ने पहले राजकोट व फिर पूरे देश में क्रिकेट को फैलाने का प्रयास किया। वे कैम्ब्रिज गए जहाँ उनके खेल का और विकास हुआ। 1886 में इंग्लैंड की ओर से खेलते हुए उन्होंने मेनचेस्टर टेस्ट में 154 नाबाद रनों की पारी खेली। उन्होंने अपने भतीजे दुलीप सिंह को भी इंग्लैंड बुला लिया और वे भी रणजीत सिंह की ही तरह वहीं पढ़े व खेले और उन्हें भी ऑस्ट्रेलिया के खिलाफ इंग्लैंड के लिए टेस्ट खेलने का मौका मिला। भारत में राजघराने ही प्रमुख रूप से क्रिकेट में दिलचस्पी लेते थे और उनमें प्रमुख थे महाराजा पटियाला, बड़ौदा के महाराज, मैसूर के महाराज और इन्दौर के होल्कर महाराजा। पारसी व यूरोपियंस के बीच खेली जाने वाली स्पर्धा में हिन्दुओं की टीम भी जुड़ गई। इस तरह वह त्रिकोणी स्पर्धा कहलाई और जब मुसलमानों की टीम भी खेलने लगी तो स्पर्धा चतुष्कोणी हो गई। बाद में रेस्ट नाम से पाँचवीं टीम भी जुड़ी व स्पर्धा पंचकोणी हो गई। इसे मुम्बई क्रिकेट स्पर्धा के नाम से भी जाना जाने लगा क्योंकि यह स्पर्धा मुम्बई में ही होती थी। कभी यही भारत की एकमात्र उच्चस्तरीय क्रिकेट स्पर्धा थी, जिसमें देश के श्रेष्ठ खिलाड़ी शिरकत करते थे। खासकर द्वितीय विश्वयुद्ध के दौरान जब अन्तर्राष्ट्रीय क्रिकेट गतिविधियाँ स्थगित थीं, तब यह स्पर्धा ही क्रिकेट की प्रमुख गतिविधि थी।

1920 के आसपास क्रिकेट गतिविधियों को संचालित करने के लिए एक संगठन बनाने का विचार आया जो इंग्लैंड की काउंटी चैंपियनशिप की तरह काम करें। 1926-27 में गिलिगन के नेतृत्व में एम.सी.सी. की

एक टीम भारत आई। तब कर्नल सी.के. नायडू, प्रो. देवधर, निसार, अमरसिंह व गुडाम्बे का खेल देखकर अंग्रेजों को भी लगा कि भारत को टेस्ट दर्जा मिलना चाहिए। इसके पहले तीन भारतीय—रणजीत सिंह, दुलीप सिंह व सीनियर पटौदी के नाम से विख्यात इफ्तिखार अली खान पटौदी इंग्लैंड के लिए टेस्ट क्रिकेट खेल ही चुके थे और तीनों ने आस्ट्रेलिया के खिलाफ यादगार शतकीय पारियाँ खेलकर यश अर्जित किया था। 1932 में लॉर्ड्स पर तीन दिवसीय टेस्ट खेलकर भारत ने अपनी अन्तर्राष्ट्रीय क्रिकेट यात्रा शुरू की। भारतीय क्रिकेट कंट्रोल बोर्ड तो 1928 में ही बन गया था। भारत के प्रथम टेस्ट कप्तान कर्नल सी.के. नायडू थे। भारत पराजित तो हुआ किन्तु नायडू की आक्रामक कप्तानी, मोहम्मद निसार की तेज गेंदबाजी तथा अमरसिंह की सटीक मध्यम गति की गेंदबाजी ने सभी को प्रभावित किया। याद रखिए कि 1932 में जब भारत को टेस्ट दर्जा मिला और कर्नल सी.के. नायडू ने टीम की कप्तानी करते हुए अपना पहला टेस्ट खेला तब वे 37 के हो चुके थे। 1933-34 में जार्डिन के नेतृत्व में इंग्लैंड की टीम भारत आई और फिर 1936 में 'विजी' के नाम से मशहूर महाराजकुमार विजयनगरम के नेतृत्व में भारतीय टीम इंग्लैंड गई। यह सिलसिला चल पड़ा। इन दौरों में भारत टीम के रूप में तो कुछ प्राप्त नहीं कर पाया किन्तु निजी उपलब्धियों के मान से ये दौरे महत्त्वपूर्ण रहे। 1933-34 में 22 वर्षीय लाला अमरनाथ ने मुम्बई टेस्ट में अपने पदार्पण टेस्ट में 118 रन बनाकर नया इतिहास रचा व नया कीर्तिमान कायम किया और 1936 में विजय मर्चेंट व मुश्ताक अली ने दूसरे टेस्ट की दूसरी पारी में फॉलोआन खेलते हुए पहले विकेट के लिए द्विशतकीय भागीदारी की और दोनों ने शतक बनाए। मुश्ताक अली विदेशी भूमि पर शतक बनाने वाले पहले भारतीय ही नहीं, पहले एशियाई खिलाड़ी बने। इस भागीदारी में 150 मिनट में 203 रन बने जो

कि एक नया कीर्तिमान था, क्योंकि उस दिन एक दिन के खेल में कुल 588 रन बने थे। 1937-38 में लॉर्ड टेनिसन की मजबूत टीम भारत आई। इस शृंखला में लाला अमरनाथ ने अपनी ख्याति में इजाफा किया व वीनू मांकड़ एक उच्चस्तरीय ऑलराउंडर के रूप में उभरे। विजय हजारे व विजय मर्चेंट की रनों के प्रति भूख ने सी.सी.आई. यानी क्रिकेट क्लब ऑफ इंडिया को एक स्तरीय विकेट व क्लब के रूप में ख्याति दिलाई। कोलकाता का ईडन गार्डन्स गेंदबाज व बल्लेबाज दोनों के लिए समान रूप से मददगार रहा है तो चेन्नई का चेपॉक एक परिणामजनक विकेट के रूप से विख्यात है। अभी तक भारत में अधिकांश क्रिकेट क्वायर मैटिंग पर खेला जाता था, जिस कारण बल्लेबाज अच्छे हुकर व कट शॉट खेला करते थे। फिर जूट मैटिंग पर खेला जाने लगा। टर्फ विकेट कम ही स्थान पर था। द्वितीय विश्वयुद्ध का भारत के घरेलू क्रिकेट पर कोई प्रभाव नहीं पड़ा। इस दौरान अनधिकृत टेस्ट जरूर हुए और लॉर्ड टेनिसन एकादश के बाद आस्ट्रेलियन सर्विसेज एकादश का दौरा हुआ तथा 1949-50 में पहली और 1950-51 में दूसरी राष्ट्रमंडलीय टीम भारत आई। 1953-54 में सिल्वर जुबली एकादश टीम भारत आई। इन 27 अनधिकृत टेस्ट मैचों में से 11 में भारत जीता तथा 7 'ड्रा' रहे। 1946 में भारतीय टीम 3 टेस्ट खेलने इंग्लैंड गई पर उस शृंखला में भारत 1-0 से पराजित हुआ। इतना जरूर हुआ कि अभी तक खिलाड़ियों की व्यक्तिगत उपलब्धियों के कारण चर्चित रही भारतीय टीम को अब एक ताकतवर टीम के रूप में जाना जाने लगा। ओवल पर सरे के खिलाफ चन्दू सर्वटे व शूटे बेनर्जी ने 10वें व 12वें नम्बर पर खेलते हुए अन्तिम विकेट की साझेदारी में प्रथम श्रेणी क्रिकेट का विश्व कीर्तिमान बनाया व अपनी टीम की पराजय को विजय में बदल दिया। 1947 में भारतीय टीम अपनी पहली ऑस्ट्रेलिया यात्रा पर गई। मर्चेंट व रूसी मोदी अस्वस्थ होने

के कारण नहीं गए। फजल महमूद पाकिस्तान चले गए थे और मुश्ताक अली पारिवारिक कारणों से नहीं जा पाए। ऑस्ट्रेलिया ने 5 में से 4 में भारत को शिकस्त दी। अमरनाथ ने अच्छी कप्तानी की। हजारे ने एक ही टेस्ट की दोनों पारियों में शतक लगाए और यह गौरव प्राप्त करने वाले वे पहले भारतीय बल्लेबाज बने। वीनू मनकड़ ने दौरे में 2 शतक भी लगाए व सर्वाधिक विकेट भी लिए और वे एक ऑलराउंडर के रूप में क्रिकेट जगत में स्थापित हुए। लेकिन ऑस्ट्रेलिया के गीले व सूखने वाले विकेट पर खेलने का अभ्यास न होने से भारतीय टीम का यह दौरा मुश्किल भरा रहा। अगले ही साल वेस्टइंडीज टीम भारत आई। भारतीय बल्लेबाजों खासकर रूसी मोदी ने तो अपना काम सफलतापूर्वक किया किन्तु उसके गेंदबाज वेस्टइंडीज की मजबूत बल्लेबाजी को ध्वस्त नहीं कर पाए। फिर राष्ट्रमंडलीय टीमें भारत आईं, जिनके खिलाफ खेलकर भारतीय खिलाड़ियों ने प्रतिस्पर्धात्मक क्रिकेट खेलकर खुद को इंग्लैंड टीम के दौरे के लिए तैयार किया। इंग्लैंड के खिलाफ 3 टेस्ट तो 'ड्रा' रहे किन्तु पाँचवें व अन्तिम टेस्ट में इंग्लैंड को हराकर अपनी पहली टेस्ट विजय दर्ज की और नया इतिहास रचा। पंकज रॉय व पॉली उमटीगर इस विजय के शिल्पकार रहे। वीनू मनकड़ ने इस टेस्ट में 12 विकेट लिए जिनमें पहली पारी के 55 रनों पर 8 विकेट भी शामिल थे। विजय मांजरेकर भी खेलकर परिपक्व हुए। 1950 के दशक तक भारत उन्हीं बल्लेबाजों पर निर्भर बना रहा जो विश्वयुद्ध के पहले अथवा उस दौरान स्थापित हुए थे।

अगले वर्ष पाकिस्तान जाकर भारत ने अपनी पहली टेस्ट शृंखला जीती। लेकिन 1952 में जब भारतीय टीम विजय हजारे के नेतृत्व में इंग्लैंड गई तो उसका प्रदर्शन दयंनीय रहा और वह 4 टेस्ट मैचों की शृंखला में 3-0 से पराजित हुई। फ्रेडी ट्रूमेन युवा थे और पूरे शबाब पर

थे। इन्होंने भारतीय बल्लेबाजी को आतंकित भी किया और ध्वस्त भी किया। लॉर्ड्स पर खेले गए दूसरे टेस्ट में वीनू मनकड़ ने गेंदबाजी व बल्लेबाजी दोनों में गौरव के क्षण प्रदान किए। उन्होंने पहली पारी में 72 व दूसरी पारी में यादगार 184 रन बनाए तथा वे भारत के सर्वाधिक सफल गेंदबाज भी रहे। उन्होंने 72 ओवर गेंदबाजी करके 196 रन देकर 5 विकेट लिए। नतीजतन यह टेस्ट मनकड़ टेस्ट के रूप में विख्यात हुआ। वरना ट्रूमेन बेडसर लेकर व लॉक ने भारतीय बल्लेबाजी को तहस-नहस कर दिया था। फिर भारत ने वेस्टइंडीज की यात्रा की। उस श्रृंखला में उमरीगर ने रन बनाए तो लेग स्पिनर सुभाष गुप्ते ने विकेट लिए। वेस्टइंडीज को सन्नी रामाधीन व लेफ्ट आर्म स्पिनर वेलेंटाइन की सेवाएँ प्राप्त थीं और बल्लेबाजी में वॉरेल, वीक्स व लेकर की तिकड़ी का शोर रहा। इस बार श्रृंखला 'ड्रॉ' रही। ऑस्ट्रेलिया के खिलाफ 3 टेस्ट मैचों की घरू श्रृंखला के अन्तिम टेस्ट में भारत ने ऑस्ट्रेलिया को हावी होने का मौका दिया और 1958-59 में सभी देशों को रौंदने को आतुर वेस्टइंडीज टीम से पराजित हुई। वेस्टइंडीज ने 1960-61 में ऑस्ट्रेलिया में यादगार श्रृंखला खेली और फिर 1963 व 1966 में इंग्लैंड को पराजित किया। भारत को 1959 में इंग्लैंड के खिलाफ पाँचों टेस्ट मैचों में शिकस्त झेलनी पड़ी व फिर ऑस्ट्रेलिया के खिलाफ घरू श्रृंखला में ऑस्ट्रेलिया को हराकर पहली बार उसके खिलाफ जीत दर्ज की। भारत को सुभाष गुप्ते, वीनू मनकड़, गुलाम अहमद जैसे स्तरीय स्पिन गेंदबाजों की सेवाएँ प्राप्त रहीं किन्तु उसका क्षेत्ररक्षण अपेक्षित स्तर का नहीं रहा। अतः वांछित सफलताएँ नहीं मिल पाईं। 1961-62 में भारत ने इंग्लैंड को 2-0 से हराकर पहली बार ताकतवर देश के खिलाफ श्रृंखला जीती। तब टाइगर पटौदी की गेंदबाजों को लिफ्ट करने की योजना सभी को पसन्द आई। कप्तान नरी कांट्रेक्टर व पटौदी ने खुद

इस योजना की कमान सँभाली। नतीजतन भारत अन्तिम दो टेस्ट जीत गया। भारत के दो ऑलराउंडरों चन्दू बोर्डे व सलीम दुर्रानी ने इंग्लैंड को दो बार आउट किया।

भारत का यह जोश अधिक दिनों तक कायम नहीं रह पाया। भारतीय टीम जब वेस्टइंडीज गई तो सभी टेस्ट हारी। कप्तान नरी कांट्रेक्टर के सिर पर ग्रिफिथ की एक 'एक्स्ट्रा फास्ट' यानी चक की हुई गेंद लगी और वे घायल हो गए। उन्हें सर्जरी के दौरान वेस्टइंडीज के कप्तान फ्रेंक वॉरेल ने अपना खून दिया क्योंकि तब 'ब्लड बैंक' नहीं होते थे। उमरीगर व मांजरेकर के होते हुए भी 21 वर्ष के युवा मंसूरअली खान पटौदी को कप्तान बनाया गया। पटौदी 1969 तक कप्तान बने रहे। न्यूजीलैंड के खिलाफ वे पूरी श्रृंखला जीते। ऑस्ट्रेलिया के खिलाफ भी उन्हें सफलता मिली। एक आँख एक दुर्घटना में खो देने के बावजूद वे एक आक्रामक बल्लेबाज, कवर पॉइंट के चुस्त क्षेत्ररक्षक व क्रिकेट की बारीकियों को समझने वाले अच्छे कप्तान साबित हुए। कुछ उनकी यादगार पारियों में हैं 1964 में ऑस्ट्रेलिया के खिलाफ बनाए गए नाबाद 128 रन, हेडिंग्ले टेस्ट में बनाए गए 148 रन और 1967-68 में ऑस्ट्रेलिया के खिलाफ बनाए गए 75 तथा 85 रन। लोग मानते हैं कि कप्तानी छोड़ देने के बाद भी वे बतौर बल्लेबाज तथा क्षेत्ररक्षक टीम में स्थान पाने के हकदार थे। लेकिन 1971 के वेस्टइंडीज व इंग्लैंड के दौरे के लिए अजीत वाडेकर को कप्तान बनाया गया और वे भाग्यशाली कप्तान साबित हुए क्योंकि पहले भारत ने वेस्टइंडीज को 1-0 से हराकर वेस्टइंडीज में पहली श्रृंखला जीती और फिर उसने न सिर्फ इंग्लैंड को इंग्लैंड में खेली गई श्रृंखला में पहली बार हराया भी और फिर श्रृंखला भी जीत ली। इस दौरे में सुनील गावस्कर के रूप में एक नए सितारे का पदार्पण हुआ। पहला टेस्ट तो उँगली की चोट के कारण खेल नहीं पाए पर शेष टेस्ट मैचों उन्होंने 774

रन बनाए जिनमें आखिरी टेस्ट में एक पारी में शतक तथा दूसरी पारी में दोहरा शतक शरीक था। गावस्कर के अलावा दिलीप सरदेसाई दूसरे सफल बल्लेबाज थे जिन्होंने 642 रन बनाए। टाइगर पटौदी ने भारतीय स्पिन गेंदबाजी का दबदबा समूचे क्रिकेट जगत में पहुँचा दिया था। यह वैसा ही था जैसा कभी क्लाइव लॉयड ने वेस्टइंडीज की तेज गेंदबाजी को कामयाबी का हथियार बनाया था। प्रसन्ना, चन्द्रशेखर, बिशनसिंह बेदी, वेंकटराघवन और ऑल राउंडर सलीम दुर्रानी मिलकर किसी भी टीम को धराशाही करने की क्षमता रखते थे। भारत को मोहम्मद निसार के बाद सिर्फ शुटे बेनर्जी, दत्तू फड़कर व रमाकान्त देसाई ही ऐसे मध्यम तेज गति के गेंदबाज मिल पाए जिन्होंने प्रभाव छोड़ा। 1971 में इंग्लैंड दौरे के लिए चन्द्रशेखर व इंजीनियर दोनों उपलब्ध रहे और भारत ने यह श्रृंखला जीतकर इतिहास बनाया। 1972-73 की घरू श्रृंखला को भी भारत ने 2-1 से जीता। किन्तु 1974 में इंग्लैंड के दौरे में भारत सभी टेस्ट हारा। हर टेस्ट में हार-जीत का अन्तर बढ़ता गया। इस पराजय के बाद वाड़ेकर ने निवृत्ति ले ली। 1976 में भारत ने वेस्टइंडीज को पोर्ट ऑफ स्पेन टेस्ट में आखिरी पारी खेलते हुए 406 रन बनाकर हरा दिया। किन्तु 1975 के विश्वकप में व फिर 1979 के विश्वकप में भारत का प्रदर्शन खराब रहा। 1977 में वेंकटराघवन की कप्तानी में इंग्लैंड गई भारतीय टीम खराब मौसम का शिकार हुई और 1978 में पाक से क्रिकेट सम्बन्ध की फिर से शुरुआत करते हुए भी उसकी घटती क्रिकेट शक्ति का अहसास हुआ।

पर्याप्त लोकप्रियता व क्रिकेट प्रतिभा होते हुए भी 80 के दशक तक भारत में खिलाड़ियों को पर्याप्त धन नहीं मिल पाता था। घरू स्पर्धा ऐसे विकेट्स पर खेली जा रही थी जिन पर गेंदबाज व बल्लेबाज दोनों को समान लाभ नहीं मिल पाता था। अतः साधारण स्तर के गेंदबाज भी

कामयाब होने लगे। सुनील गावस्कर की ख्याति में लगातार इजाफा होता रहा। किन्तु एकदिवसीय क्रिकेट का अनुभव न होने के कारण 1979 के विश्वकप में 60 ओवर के खेल में उनके 36 रन लोगों को आज तक याद हैं। 1983 के विश्वकप में कपिल की कप्तानी में भारत ने प्रूडेंशियल विश्वकप जीता और वह भी पिछले दो विश्वकपों की विजेता वेस्टइंडीज को हराकर। बोर्ड की हालत आर्थिक रूप से इतनी खराब थी कि इस विजेता टीम को देने के लिए उसके पास न तो पर्याप्त धन था और न ही जश्न के लिए संसाधन। तब राजसिंह डूँगरपुर ने विख्यात गायिका लता मंगेशकर का जलसा करवाया और तब बोर्ड हर खिलाड़ी को व स्टाफ को 1-1 लाख रुपए दे पाया।

इसके बाद स्थिति सुधरी। प्रायोजक भी मिलने लगे और धन भी। भारत में हुए 1987 के विश्वकप का प्रायोजक रिलायंस ग्रुप था। 1996 का विश्वकप भारत, पाक व श्रीलंका की भागीदारी में हुआ। कपिलदेव के आगमन से नई गेंद फेंकने की समस्या तो दूर हुई ही, भारत को एक स्तरीय मध्यम तेज गेंदबाज ही नहीं, वीनू मनकड़ के बाद एक विश्वस्तरीय ऑलराउंडर भी मिला। चेतन शर्मा, श्रीनाथ, श्रीसंथ, प्रसाद व जहीर खान के रूप में अन्य मध्यम तेज गति के गेंदबाज भी उभरकर आए। एम.आर.एफ. फाउंडेशन मे भी डेनिस लिली के प्रशिक्षण का लाभ मिला और कई तेज गेंदबाज तैयार हुए। आज भारत के पास ईशांत शर्मा, मोहम्मद शमी, भुवनेश्वर कुमार, उमेश यादव व बुमराह जैसे स्तरीय मध्यम तेज गेंदबाज हैं। 2000 के बाद भारत का क्षेत्ररक्षण भी उच्चस्तरीय हो गया। एकदिवसीय अन्तर्राष्ट्रीय मैच के अलावा टी-20 खेलने का भी लाभ मिला कि अन्य देशों की तरह भारतीय टीम की फिटनेस व उसका क्षेत्ररक्षण दोनों में बहुत सुधार हुआ। भारत विश्वकप में टी-20 आई.सी. सी. ट्रॉफी भी जीता।

घरू क्रिकेट को बढ़ावा देने के लिए 1934-35 में रणजी ट्रॉफी स्पर्धा की शुरुआत हुई और फिर क्षेत्रीय आधार पर दुलीप ट्रॉफी व सीमित ओवर की देवधर ट्रॉफी खेली जाने लगी। 1957-58 से रणजी स्पर्धा क्षेत्रीय स्तर तक लीग व फिर नॉक आउट के आधार पर खेली जाने लगी। वरना पहले नॉक आउट आधार पर ही खेली जाती थी। अब खिलाड़ियों को अधिक मैच मिलने लगे। ऐसा भी हुआ कि बिशन बेदी के समकालीन होने के कारण राजेन्द्र गोयल व पद्माकर शिवालकर भारतीय टीम में स्थान नहीं पा सके। वरना दोनों अच्छे लेफ्टआर्म स्पिनर थे। अमोल मजूमदार के नाम पर रणजी में सर्वाधिक 9105 रनों का कीर्तिमान था जिसे पिछले ही साल वसीम जाफर ने खंडित किया। यह जरूर हुआ कि अन्तर्राष्ट्रीय क्रिकेट मैच अधिक होने लगे—टेस्ट, एकदिवसीय तथा टी-20 और इस कारण बड़े खिलाड़ी अधिकतर व्यस्त रहते हैं। नतीजतन घरू स्पर्धा में वे बहुत कम खेल पाते हैं। 2008 से आई.पी.एल. शुरू हुआ और तब से खिलाड़ियों व बोर्ड दोनों को खूब पैसा मिलने लगा। जूनियर स्तर पर अंडर-19, अंडर-16 के लिए प्रतिस्पर्धाएँ शुरू की गई हैं क्योंकि अंडर-19 का विश्वकप भी होता ही है। महिला क्रिकेट को भी बढ़ावा दिया जा रहा है व अब खुद बोर्ड उसके लिए योजना बनाकर काम करता है। बेंगलुरु में क्रिकेट अकादमी स्थापित की गई है, जहाँ विशेषज्ञों व अनुभवी खिलाड़ियों की देखरेख में खिलाड़ी अभ्यास करते हैं। स्मरण रहे कैफ, युवराज, नेहरा, हरभजन, जहीर खान, धोनी व विराट कोहली जूनियर क्रिकेट से ही सीनियर टीम में आए हैं।

सुनील गावस्कर के बाद सचिन तेंदुलकर दूसरे ऐसे सुपर सितारा खिलाड़ी हैं, जिन्होंने सारे रिकॉर्ड ध्वस्त कर दिए हैं। टेस्ट व एकदिवसीय दोनों तरह के क्रिकेट में सर्वाधिक रन व शतक उन्हीं के नाम हैं। कुछ अन्य निजी उपलब्धियों में दिलीप वेंगसरकर का भी उल्लेख जरूरी

है। लॉड्‌र्स पर तीन शतक लगाने वाले वे विश्व के एकमात्र बल्लेबाज हैं। कपिल देव विश्व के अकेले ऐसे ऑल राउंडर हैं, जिनके नाम पर 4 हजार से अधिक रन व 4 सौ से अधिक विकेट दर्ज हैं।

अजहरुद्दीन, सौरभ गांगुली, वीरेन्द्र सहवाग, वी.वी.एस. लक्ष्मण, राहुल द्रविड़, सचिन तेंदुलकर, युवराज सिंह, रोहित शर्मा जैसे बल्लेबाज, महेन्द्रसिंह धोनी जैसे विकेट कीपर बल्लेबाज व कप्तान और अनिल कुंबले व हरभजन जैसे स्पिन गेंदबाजों की सेवाएँ भारत को मिलती रही हैं। कुंबले आज छह सौ से अधिक टेस्ट विकेट लेने वाले विश्व के तीसरे गेंदबाज हैं और सर्वाधिक टेस्ट विकेट में मुरलीधरन के नाम 800 से अधिक तथा शेन वार्न के नाम 700 से अधिक टेस्ट विकेट दर्ज हैं। वेंकटपति राजू, नरेन्द्र हीरवानी व मनिन्दर सिंह भी असल स्पिनर थे पर उन्हें अधिक अवसर नहीं मिले। 2000 में मैच फिक्सिंग के आरोप में भारत के अजहरुद्दीन, अजय जडेजा, अजय शर्मा और चोपड़ा के नाम सामने आए। उन्हें 5 साल के लिए निलम्बित तो किया गया, पर उन्होंने खेल की छवि तो धूमिल की ही। क्रिकेट कंट्रोल बोर्ड की कार्यप्रणाली न्यायसंगत व अधिक पारदर्शी बनाने के नाम पर सुप्रीम कोर्ट द्वारा बनाई गई लोढ़ा कमेटी के आधार पर बनी प्रशासनिक कमेटी ने क्रिकेट गतिविधियों को तो बाधित किया ही, क्रिकेट जगत में असुरक्षा की भावना भी फैलाई। अब सौरभ गांगुली की अध्यक्षता में धीरे-धीरे स्थिति सामान्य हो रही है।

विराट कोहली की गणना, गुणवत्ता व स्तर के मान से इंग्लैंड के जो रूट, दक्षिण अफ्रीका के डिविलियर्स और न्यूजीलैंड के केन विलियमसन के साथ विश्व के मौजूदा 4 श्रेष्ठ बल्लेबाजों में होती है।

पाकिस्तान को टेस्ट दर्जा मिला 1952 में। शुरुआत में उसके लिए खेलने वाले प्रमुख खिलाड़ी वे ही थे जो पहले कभी भारत के लिए खेला

करते थे। उनमें प्रमुख थे अब्दुल हफीज कारदार, फजल महमूद, अमीर इलाही और इम्तियाज अहमद। नए देश के लिए खेलने से खिलाड़ियों में नया जोश और नई तमन्ना, नया जज्बा उनका आत्मविश्वास बढ़ाने के लिए पर्याप्त थे। शुरुआत से ही उसके खिलाड़ी विदेशों में मशहूर रहे और इंग्लैंड में काउंटी क्रिकेट में उनकी माँग रही।

पाकिस्तान ने अपनी क्रिकेट टेस्ट यात्रा का आगाज भारत के दौरे से ही किया। यानी उसने अपनी अन्तर्राष्ट्रीय क्रिकेट यात्रा उन्हीं खिलाड़ियों के खिलाफ खेलकर की जिनके साथ कभी उसके खिलाड़ी एक ही टीम में खेला करते थे। भारत ने यह शृंखला 2-1 से जीत ली। पर लखनऊ में खेले गए दूसरे टेस्ट में उसने भारत को शिकस्त दी और इसके बाद अगले 5 सालों में उसने इंग्लैंड, ऑस्ट्रेलिया, भारत तथा न्यूजीलैंड जैसे स्थापित एवं अनुभवी क्रिकेट देशों को पराजित किया। अपनी पहली वेस्टइंडीज यात्रा में वह टेस्ट शृंखला में तो हारी परन्तु उसने अपनी पहली टेस्ट विजय भी प्राप्त की। साल भर बाद जब वेस्टइंडीज की टीम पाकिस्तान के दौरे पर आई तो पाकिस्तान ने वह घरू शृंखला शानदार तरीके से जीती। पाकिस्तान को ये सफलताएँ अनायास नहीं मिली थीं, बल्कि उसने ये कामयाबी धीरे-धीरे कदम दर कदम गहन अभ्यास व परिश्रम से प्राप्त की थी। टेस्ट दर्जा इतनी जल्दी व नाटकीय तरीके से मिलने के कारण लोग खिलाड़ियों से सफलता की बड़ी-बड़ी उम्मीदें करने लगे थे। अतः खिलाड़ियों ने भी अपने आपको उन उम्मीदों पर खरा उतरने के लिए कड़ी मेहनत की। पर जब उसके दो बड़े खिलाड़ी कारदार व फजल महमूद रिटायर हो गए और मैटिंग से एकदम 'टर्फ' पर खेलना शुरू करना इतना आसान नहीं था। इसका असर खेल पर भी पड़ा। पर यह तय किया गया कि यह परिवर्तन भविष्य के लिए विशेषकर विदेशी दौरों में लाभकारी रहेगा। जब तक पूर्वी आँचल यानी बंगाल से लगा हिस्सा

जो अब बांग्लादेश के नाम से अलग राष्ट्र बन गया है, पाकिस्तान का हिस्सा रहा तब तक 24 वर्षों में केवल एक टेस्ट खिलाड़ी निकला और वह था नियाज अहमद। 60 के दशक के मध्य में बांग्लादेश अलग राष्ट्र बन गया और पाक को इससे भी हानि हुई। लाहौर व कराची उसके दो बड़े व प्रमुख क्रिकेट केन्द्र थे। एक जमाना था जब वो दर्शकों से भरे रहते थे, पर एकदिवसीय मैच व जीवन की अस्थिरता एवं हुड़दंग के कारण अब कम दर्शक मैदान में आना पसन्द करते हैं।

नाटे कद के हनीफ मोहम्मद ने अपनी ठोस व मजबूत सुरक्षात्मक बल्लेबाजी से शुरुआत से ही प्रभावित किया था। यद्यपि अच्छी शुरुआत के बावजूद कुछ वर्ष पाक का प्रदर्शन अपेक्षित स्तर का नहीं रहा। फिर भी कुछ खिलाड़ियों के निजी प्रदर्शन ने सभी का ध्यान आकर्षित किया। भारत तथा पाकिस्तान दोनों एक-दूसरे से हारना नहीं चाहते और इसीलिए जीतने की कोशिश भी नहीं करते। यह जरूरत से अधिक सावधानी ही वजह है कि एक समय 25 में से 12 टेस्ट 'ड्रा' रहे थे। बेजान विकेट भी जिम्मेदार हैं जिन पर मुकाबले खेले जाते रहे। और बढ़ती व्यावसायिकता के दौर में हार टालना और ज्यादा जरूरी हो गया है। पर यह मजबूरी खेल का आकर्षण कम ही कर रही है। फॉलोऑन खेलते हुए वेस्टइंडीज के खिलाफ जब ब्रिजटाउन टेस्ट में पाकिस्तान को 463 रन बनाने थे, तब हनीफ ने टेस्ट इतिहास की सबसे बड़ी पारी खेलते हुए 16 घंटे 39 मिनट में 337 रन बनाए जो लेन हटन के विश्व कीर्तिमान से 27 रन कम थे। सोबर्स ने इसी श्रृंखला के तीसरे टेस्ट में 365 रन बनाकर हटन का कीर्तिमान खंडित किया। यह जरूर है कि उस समय की पाक टीम में केवल तीन गेंदबाजों, कारदार, फजल महमूद और खान मोहम्मद तक ही सीमित थी। हनीफ ने अपना वेस्टइंडीज वाला फार्म जारी रखा। पाकिस्तान की घरू स्पर्धा में उन्होंने कराची के लिए 499 रन बनाए जो

कि प्रथम श्रेणी क्रिकेट का कीर्तिमान था। बाद में 1994 में ब्रायन लारा ने वारविकशायर के लिए डरहम के खिलाफ खेलते हुए नाबाद 501 रन बनाकर इसे तोड़ा। अच्छा फुटवर्क, असीमित धैर्य, निर्दोष तकनीक, एकाग्रता व शारीरिक क्षमता उनके खेल की विशेषता थी। उन्होंने टेस्ट क्रिकेट में 3915 रन बनाए जिनमें 12 टेस्ट शतक थे। कम टेस्ट मैच वाले उस दौर में यह एक बड़ी उपलब्धि थी। 1962 के बाद क्रिकेट में हनीफ के भाई मुश्ताक मोहम्मद ने 13 की उम्र में पहला प्रथम श्रेणी मैच और 15 की उम्र में अपना पहला टेस्ट खेला। उनकी तकनीक हनीफ जैसी ही थी मगर उनके खेल में 'स्ट्रोक्स' की बहुलता थी। उनकी प्रतिभा सिर्फ बल्लेबाजी तक ही सीमित नहीं थी। वे एक उच्चस्तरीय लेग स्पिनर भी थे। अत: उन्हें एक ऑलराउंडर के रूप में याद किया जाता है। कारदार व फैजल के बाद ऐसा कद्दावर खिलाड़ी नहीं मिल पा रहा था जो कराची यानी सिंध और लाहौर यानी पंजाब के खिलाड़ियों को एकजुट रख सके। जावेद बर्की ऑक्सफोर्ड में पढ़े थे। अत: खिलाड़ियों को ठीक से जानते भी नहीं थे। उनके लिए उन्हें एक टीम में बाँध पाना मुश्किल था। आसिफ इकबाल, इंतिखाब आलम और माजिद खान के प्रदर्शन से प्रभावित होकर काउंटी क्रिकेट के लिए उन्हें अनुबन्धित किया गया। 1968-69 का दक्षिण अफ्रीका दौरा रद्द हो गया और इसी बीच पाकिस्तान में आरोप-प्रत्यारोप, असन्तोष, परिवर्तन व दुर्भाग्य का दौर शुरू हुआ। कई कप्तान बदले गए। फिर कप्तान मुश्ताक व अन्य खिलाड़ियों के बीच पैसे को लेकर बहुत विवाद हुआ। इन सभी बातों से टीम का प्रदर्शन प्रभावित हुआ। उसे विदेशी दौरों में भी परेशानी व मुसीबत का सामना करना पड़ा।

लेकिन अस्सी के दशक के उत्तरार्ध में जहीर अब्बास, इमरान खान तथा सरफराज नवाज ने पाक टीम में नई जान डाल दी। 1980-81 के

बाद से ही पाक टीम में इमरान खान, जावेद मियांदाद, जहीर अब्बास, मुदस्सर नजर, सलीम मलिक, सरफराज खान और अब्दुल कादिर ने मिलकर पाक टीम को एक सशक्त टीम के रूप में स्थापित किया। इमरान की कप्तानी प्रभावशाली रही और उनका अपनी टीम पर पूरा नियंत्रण था। स्वभाव से भी वे दबंग थे और कोई हस्तक्षेप पसन्द नहीं करते थे। उन्हीं की कप्तानी में पाक ने 1992 का विश्वकप जीता। टीम को उलटे हाथ के तेज मध्य गति के जादुई गेंदबाज वसीम अकरम और इंजमामुल हक जैसे मध्यक्रम के बल्लेबाज की सेवाएँ प्राप्त रहीं। सकलेन मुश्ताक की घातक ऑफ ब्रेक व वकार यूनुस की धारदार मध्यम तेज गति की गेंदबाजी को लोग आज भी याद करते हैं। इसके बावजूद 1999 के विश्वकप में इमरान की टीम बांग्लादेश से ही हार गई। इमरान, वसीम अकरम व इंजमामुल हक की निवृत्ति के बाद पाक की बल्लेबाजी व गेंदबाजी दोनों प्रभावित हुई। आकिब जावेद व तूफानी गति के गेंदबाज शोएब अख्तर तथा मनमौजी शाहिद अफरीदी के होते हुए भी टीम प्रभावी प्रदर्शन नहीं कर सकी। पाक के जूनियर स्तर का क्रिकेट स्तर अच्छा है। पर चूँकि वहाँ असुरक्षा के कारण कोई टीम जाना नहीं चाहती, इस कारण उसे अमीरात में दूसरी टीमों से खेलना पड़ता है। वर्तमान में उसका कोई भी खिलाड़ी विश्वस्तरीय नहीं है। सट्टेबाजों से सम्बन्धों व मैच फिक्सिंग की बातों ने उसकी छवि को और खराब किया है। उसे तेज व मध्यम तेज गति के गेंदबाजों की सेवाएँ हमेशा से मिलती रही हैं।

श्रीलंका में पहला क्रिकेट क्लब तो 1832 में बना पर उसे टेस्ट दर्जा 1982 में ही मिल पाया। इस बीच अनधिकृत टीमें वहाँ जरूर आती-जाती रहीं और माइकल टिसेरा, अनुरा टेनीकून, गुणसकेरा जैसे खिलाड़ी मिलते रहे। उसके 19 से कम उम्र के खिलाड़ियों का प्रदर्शन प्रभावशाली रहा और यही कारण है कि वहाँ खिलाड़ियों की कमी कभी

नहीं रही। उसके अनेक खिलाड़ी टेस्ट दर्जा मिलने के पहले से इंग्लैंड में काउंटी क्रिकेट खेलते रहे। 1979 के दूसरे विश्वकप में उसने भारत को 47 रनों से पराजित कर दिया। टेनीकून, दुलीप मेंडिस व रॉय डॉयस जैसे बल्लेबाज तथा ओपाथा व डी' सिल्वा जैसे गेंदबाज उसकी प्रमुख ताकत थे। रमेश रत्नायके, डी' मेल व फर्नाडो जैसे तेज गेंदबाज व अर्जुन रणतुंगा, जयसूर्या, अरविंद डी' सिल्वा व कालूवितरणा जैसे बल्लेबाज तथा मुरलीधरन जैसे स्पिनर उसकी टीम की शक्ति बढ़ाते रहे। 1975, 1979 व 1983 तथा 1992 के विश्वकप तक तो कुछ खास नहीं कर पाया। पर 1996 का विश्वकप वह अर्जुन रणतुंगाा के नेतृत्व में ही जीता। एक समय था जब रणतुंगा, जयसूर्या तथा अरविन्द डी' सिल्वा की बल्लेबाजी की धूम थी। फिर जयवर्धने, कुमार संगाकारा, दिलशान, मैथ्यूस, कुलशेखरा व पर्णवितरणा उसके प्रमुख खिलाड़ी रहे। श्रीलंका को क्रिकेट जगत में छुपा रुस्तम माना जाता है। जो रंगत में आने पर कभी भी किसी भी टीम को हरा सकती है। वह ऑस्ट्रेलिया को ऑस्ट्रेलिया में, दक्षिण अफ्रीका को दक्षिण अफ्रीका में, न्यूजीलैंड को न्यूजीलैंड में, इंग्लैंड को इंग्लैंड में और वेस्टइंडीज को वेस्टइंडीज में हरा चुकी है। यह विश्व का कोई अन्य क्रिकेट राष्ट्र नहीं कर पाया है।

जिम्बाब्वे को पहले रोडेशिया कहा जाता था। वहाँ क्रिकेट 1910 से खेला जाता रहा है। न सड़कें थीं, न रेल और न ही मोटर व विमान। पर फिर भी वहाँ 1914 में एक क्रिकेट लीग स्पर्धा शुरू हुई। प्रथम विश्वयुद्ध के बाद वहाँ क्रिकेट खिलाड़ी उभरकर सामने आने लगे। एम.सी.सी. की पहली टीम यहाँ 1930-31 में आई व दूसरी टीम 1938-39 में। ऑस्ट्रेलिया की टीम ने भी 1936 में रोडेशिया का दौरा किया। द्वितीय विश्वयुद्ध ने यहाँ भी क्रिकेट बाधित किया। पर फिर भी वह चलता रहा। रोडेशिया के कुछ अच्छे खिलाड़ी दक्षिण अफ्रीका के लिए भी खेले। उनमें

प्रमुख थे पी. मानसेल, सी. डकवर्थ, जी.बी. लॉरेंस, के.सी. ब्लांड, जे. पारटिज, ए.पिथी, जे.डब्ल्यू. प्रीज व ए.डी. ट्रायक्रॉस। रोडेशिया में क्लब की गतिविधियाँ भी खूब फैलीं व इसका लाभ क्रिकेट का स्तर सुधारने में मिला। स्कूली स्तर पर भी अच्छी क्रिकेट गतिविधियाँ होने लगी थीं, पर 1966 में यहाँ विदेशी टीमों का आना रुक गया।

जिम्बाब्वे को टेस्ट दर्जा 1991-92 में मिला। भारत के खिलाफ हरारे में एकमात्र टेस्ट खेलकर इसने अपनी टेस्ट यात्रा आरम्भ की। 1993 में उसकी टीम भारत आई और एकमात्र टेस्ट में वह पराजित हुई। परन्तु 1998 में अपने देश के दौरे पर आई भारतीय टीम को हराकर उसने अपनी पहली टेस्ट विजय दर्ज करवाई। तब अपने से 60 साल पहले से टेस्ट खेल रही भारतीय टीम में तेंदुलकर, द्रविड़, गांगुली और अजहरुद्दीन जैसे विश्वस्तरीय बल्लेबाज मौजूद थे। 1998 में ही जिम्बाब्वे ने पाकिस्तान का दौरा किया व उसे 1-0 से हराकर विदेश में अपनी पहली टेस्ट विजय प्राप्त की। सिर्फ 4 दिन में पाकिस्तान को 7 विकेट से हराकर उसने सभी को चौंका दिया। टेस्ट बिरादरी में प्रवेश के 7वें ही वर्ष में उसने यह करिश्मा कर दिखाया। यदि 1999 के विश्वकप के बाद नील जॉनसन जिम्बाब्वे छोड़कर नहीं जाते तो निश्चित ही वह एक सन्तुलित टीम रही होती। 99 के विश्वकप लीग में मिली जीत के कारण जिम्बाब्वे को सबसे अधिक लाभ हुआ व इंग्लैंड को सबसे अधिक नुकसान। जिम्बाब्वे ने सुपर 6 में पहुँचकर एक बड़ी उपलब्धि अर्जित की व भारत तथा दक्षिण अफ्रीका जैसी टीमों को लीग में हराकर सनसनी पैदा कर दी। दक्षिण अफ्रीका को तो उसने नील जॉनसन के प्रदर्शन के बल पर 48 रनों के बड़े अन्तर से हराया। यही नहीं, सुपर सिक्स में भी उसने न्यूजीलैंड को पराजित किया। यदि भारत न्यूजीलैंड से न हारा होता तो जिम्बाब्वे फाइनल खेलता।

एकदिवसीय मैचों की अचानक आई बाढ़ के कारण दृश्य बदल गया। 1981 से 1990 के बीच सिर्फ 10 वर्षों में जिम्बाब्वे ने 12 एकदिवसीय मुकाबले खेले, किन्तु 1991 से लेकर 2000 तक के 10 वर्षों में उसने 162 एकदिवसीय मैच खेले जिनमें से 43 जीते, 109 हारे तथा 6 निरस्त हुए। यानी 10 वर्षों में जिम्बाब्वे जैसा नया क्रिकेट राष्ट्र ने भी टेस्ट की तुलना में चार गुना ज्यादा एकदिवसीय मैच खेले। दक्षिण अफ्रीकी खिलाड़ियों से सतत सम्पर्क में बने रहने का लाभ जिम्बाब्वे के खिलाड़ियों को भी मिला। भले ही जिम्बाब्वे की टीम में कोई रिकॉर्डधारी खिलाड़ी न हो और न ही विश्वस्तरीय खिलाड़ी हो, फिर भी उसके खिलाड़ी जी-जान लगाकर खेलते हैं और मिल-जुलकर एक ऐसी टीम गठित करते हैं जो किसी भी टीम को संघर्ष करने के लिए मजबूर करती है और उसका क्षेत्ररक्षण—क्षेत्ररक्षण में श्रेष्ठ मानी जाने वाली विश्व की दोनों टीमों ऑस्ट्रेलिया व दक्षिण अफ्रीका के समकक्ष ही है। फ्लेचर, कैंपवेल, जॉनसन, ट्रॉयक्रास, हीथ स्ट्रीक, एंडी फ्लावर, ग्रेंट फ्लावर और स्ट्रैंग जैसे स्तरीय खिलाड़ियों ने उसे अलग ही पहचान दी है। एंडी फ्लावर की विकेट कीपिंग व उलटे हाथ की बल्लेबाजी इतनी चमत्कारी रही कि विश्व की कोई भी टीम उन्हें सहर्ष अपनी टीम में स्थान देती।

देश के ताजा अशान्त वातावरण व राजनीतिक उथल-पुथल ने क्रिकेट को भी प्रभावित किया है। हीथ स्ट्रीक इसी के तहत हताश होकर निवृत्त हुए। हालात इतने खराब हैं कि कभी अपनी जीत से तहलका मचाने वाली टीम के वर्तमान खेल स्तर पर भी सवाल उठ रहे हैं।

1998-99 में वहाँ क्रिकेट की गतिविधियों के बढ़ जाने से उम्मीद थी कि उसे भी टेस्ट दर्जा मिल जाएगा। 2000 में उसे टेस्ट बिरादरी में शरीक कर लिया गया। भारत के खिलाफ खेलकर ही उसने अपनी टेस्ट

यात्रा शुरू की। उसमें वह पराजित तो हुआ पर उसने साबित किया कि स्थानीय प्रतिभासम्पन्न खिलाड़ियों की सहायता से वह एक दिन अपनी ताकत साबित करेगा। 1990 से 2000 तक उसने 40 एकदिवसीय मैच खेले, जिनमें से 3 जीते। एकदिवसीय मैचों का चरित्र ही ऐसा है कि उसमें चौंकाने वाले नतीजे सामने आते हैं। 1996 के विश्वकप में केन्या ने वेस्टइंडीज को हराकर चौंकाया तो 1999 के विश्वकप में जिम्बाब्वे ने भारत तथा दक्षिण अफ्रीका को पराजित किया और बांग्लादेश ने पाकिस्तान को। उसने 99 के विश्वकप में पहले स्कॉटलैंड को 22 रनों से हराया व फिर अनुभवी पाकिस्तान को 62 रनों से शिकस्त दी। एम. हुसैन, अकरम खान जैसे गेंदबाज तथा महमूद, रफीक, रहमान और अबेदीन के बल्लेबाजों ने उसे यह शोहरत दिलवाई। वर्तमान में तमीम इकबाल, अशरफुल महमुल्लाह, शहादत हुसैन व शफीजुल हसन तथा शाकिब अल हसन उसके प्रमुख खिलाड़ी हैं।

बांग्लादेश का जूनियर क्रिकेट भी तरक्की कर रहा है व विश्वकप अंडर-19 में उसकी टीम प्रभावित करती रही है। जाहिर है, भविष्य में स्तर और भी ऊँचा होगा। दक्षिण अफ्रीका, ऑस्ट्रेलिया व भारत तथा वेस्टइंडीज की टीमें भी उसके खिलाफ एकदिवसीय मैचों में पराजित हो चुकी हैं। 2007 का विश्वकप भला कौन भूल सकता है जब उसने भारत को पहले ही मैच में हराकर स्पर्धा के बाहर कर दिया था?

क्रिकेट की लोकप्रियता दिन-प्रतिदिन बढ़ती ही जा रही है। अब वह अमेरिका, घाना, बेल्जियम, कनाडा, फिजी, हांगकांग, इजरायल, शंघाई, मलेशिया, मॉरिशस, थाईलैंड, युगांडा, संयुक्त अमीरात, अर्जेंटीना, ब्राजील व फ्रांस तथा पेरिस के साथ-साथ अफगानिस्तान में भी खेला जाने लगा है। आयरलैंड तथा स्कॉटलैंड में तो इंग्लैंड के सम्पर्क से ही खेला जाता रहा है।

बांग्लादेश टेस्ट दर्जा पाने वाला 10वाँ देश है। पहले उसके खिलाड़ी पाकिस्तान के लिए ही खेलते थे और पाकिस्तान बनने के पहले भारत के लिए। तत्कालीन आई.सी.सी. अध्यक्ष जगमोहन डालमिया के प्रयासों व दिलचस्पी के कारण टेस्ट बिरादरी में शरीक किया गया। 1999 के विश्वकप के ठीक पहले ढाका में बांग्लादेश, केन्या और जिम्बाब्वे के बीच क्रिकेट स्पर्धा हुई थी जिसे जिम्बाब्वे ने जीतकर टेस्ट प्राप्त देशों व गैर टेस्ट प्राप्त देशों के खेलों के बीच व्याप्त अन्तर को साबित कर दिया। पर इससे बांग्लादेश में क्रिकेट का वातावरण बनाने में मदद मिली। फरवरी 1998 में एशियाई टेस्ट चैंपियनशिप का फाइनल भी ढाका में ही खेला गया था, जिसमें पाकिस्तान ने बांग्लादेश को 152 रनों से पराजित किया। ये आयोजन क्रिकेट में वैश्वीकरण व प्रचार-प्रसार के उद्‍देश्य से ही किए गए थे।

अच्छे व स्तरीय खिलाड़ियों का खेल देखकर बांग्लादेश में भी क्रिकेट का वातावरण बना। विगत 5 वर्षों में खेल का फैलाव तो हुआ पर खेल की मूलभूत सुविधाओं जैसे अच्छे विकेट्स, माकूल जलवायु, मैदान, स्टेडियम तथा उचित वातावरण भी तो जरूरी था। आपको खयाल होगा कि शरजाह में भी 17 वर्षों से क्रिकेट होता रहा पर मूलभूत सुविधाओं का अभाव रहा। मैच फिक्सिंग व सट्टेबाजी जैसे दुर्गुण सुविधाविहीन स्थानों पर केवल खेल के फैलाव के बहाने क्रिकेट खेले जाने का ही प्रतिफल है।

उचित रखरखाव के अभाव में ढाका का मैदान भी खराब हो गया। वहाँ के बंगाली जानते थे कि पूर्वी बंगाल में जो खिलाड़ी पाकिस्तान के लिए खेले थे वे या तो बिहार से आए थे अथवा बंगाल से यानी उनकी जड़ें भारत में थीं। बांग्लादेशी चाहते थे कि उनकी टीम विश्वकप के अन्तिम दौर में पहुँचे। अतः सन्तुलित टीम तैयार कर उसे खेलने में

अधिक से अधिक अवसर देने की जरूरत थी। गेंदबाजी, बल्लेबाजी व क्षेत्ररक्षण में तो टीम का अच्छे स्तर का होना जरूरी है ही, उसे अच्छे व समझदार कप्तान का नेतृत्व भी मिलना चाहिए।

आयरलैंड के ओ ब्रायन बन्धुओं की धमाकेदार बल्लेबाजी सभी को याद है। वे दोनों कितनी सहजता व बेफिक्री से खेलते थे। यह वाकई आश्चर्यजनक था। अफगानिस्तान ने तो तीन साल पहले वेस्टइंडीज से श्रृंखला जीत ली थी। अफगानिस्तान के युवा सीधे हाथ के लेग स्पिनर राशिद खान व ऑलराउंडर नबी की प्रतिभा व क्षमता की बदौलत ही उन्हें आई.पी.एल. में खेलने का अवसर मिला। स्विट्जरलैंड जैसे ठंड मुल्क में भी क्रिकेट पहुँच गया है। 33 ओवर का मैच, बल्लेबाज के स्टंप गिर जाने व बोल्ड हो जाने के बाद अम्पायर का उसे 'नो' बॉल दे देना व शराब का लुत्फ उठाते हुए क्रिकेट खेलना वहीं की खासियत है। न्यू कलोडोनिया फ्रांस की एक बस्ती है जहाँ महिलाएँ खेलती व पुरुष अम्पायरिंग करते हैं। महिला बल्लेबाज रन दौड़ने के लिए कम उम्र के लड़कों को रनर के तौर पर रखती हैं। अमेरिका में तो क्रिकेट 1870 के दशक से खेला जाता रहा है और यदि 1880 में अमेरिका में उत्तर-दक्षिण राज्यों के बीच गृहयुद्ध न छिड़ा होता तो अन्तर्राष्ट्रीय क्रिकेट की शुरुआत इंग्लैंड व ऑस्ट्रेलिया के बीच खेले जाने से नहीं, बल्कि इंग्लैंड व अमेरिका के बीच होने वाले मैच से होती। पर इंग्लैंड का वह दौरा हो ही नहीं पाया। पर आश्चर्य है कि मार्केटिंग के लिए मशहूर अमेरिका व कनाडा क्रिकेट का मार्केटिंग नहीं कर पाए। वरना एसोसिएटेड सदस्यों के लिए खेली जाने वाली पहली आई.सी.सी. ट्रॉफी में कनाडा की टीम उपविजेता रही थी। सिर्फ 4 हफ्तों में उसे 9 देशों के खिलाफ खेलने का मौका मिला। दरअसल अमेरिका की तेज व भागमभाग वाली जिन्दगी से आराम व इत्मीनान से खेला जाने वाला क्रिकेट मेल नहीं खाता और

न ही वहाँ के क्रिकेट में दिलचस्पी रखने वालों ने क्रिकेट को गतिशील बनाने के लिए कोई योजना बनाई।

क्रिकेट के हर प्रारूप यानी 'फार्मेट' के अपने सितारा खिलाड़ी हैं—टेस्ट क्रिकेट के अलग हैं तो ओ.डी.आई. यानी सीमित ओवर के एकदिवसीय क्रिकेट के अलग और टी-20 के अलग। अर्थात् खिलाड़ियों के लिए भी यह खेल अपनी-अपनी विशेषज्ञता दिखाने का जरिया बन गया है। कुछ राष्ट्रों की तीनों प्रारूप की टीमें भी भिन्न होती हैं।

डॉन ब्रेडमन

डेनिस अली

ग्लेन मेक्ग्राह

शेन वार्न

जोरुट

इयान बॉथम

जैफ बॉयकाट

केन विलियम्सन्

सलीम दुरानी

सुनील गावस्कर व गुंडप्पा विश्वनाथ

क्रिस क्रेन्स

इमरान खान

जहीर अब्बास

वारेल, वीक्स व वॉलकाट

जैफ थॉमसन